SAMEN

Die 7 grundlegenden Schritte zur
Gründung Ihres eigenen Unternehmens

Wayne Fox

Copyright © 2014 von Wayne Fox. Alle Rechte vorbehalten. Kein Teil dieses Buches darf in irgendeiner Form ohne schriftliche Genehmigung des Autors reproduziert werden. Rezensenten dürfen kurze Passagen in Rezensionen zitieren.

Haftungsausschluss und FTC-Haftungsausschluss
Kein Teil dieser Veröffentlichung darf ohne schriftliche Genehmigung des Herausgebers in irgendeiner Form oder mit irgendwelchen Mitteln, sei es mechanisch oder elektronisch, einschließlich Fotokopieren oder Aufzeichnen, oder durch ein Informationsspeicher- und -abrufsystem reproduziert oder übertragen oder per E-Mail übermittelt werden.

Obwohl alle Versuche unternommen wurden, die in dieser Veröffentlichung bereitgestellten Informationen zu überprüfen, übernimmt der Autor keine Verantwortung für Fehler, Auslassungen oder gegenteilige Interpretationen des hierin enthaltenen Themas.

Dieses Buch dient nur der Unterhaltung. Die geäußerten Ansichten sind ausschließlich die des Autors und sollten nicht als fachmännische Anweisungen oder Anweisungen verstanden werden. Der Leser ist für sein eigenes Handeln verantwortlich.

Die Einhaltung aller geltenden Gesetze und Vorschriften, einschließlich internationaler bundesstaatlicher, staatlicher und lokaler Berufslizenzen, Geschäftspraktiken, Werbung und aller anderen Aspekte der Geschäftstätigkeit in den USA,

Kanada, Großbritannien oder einer anderen Gerichtsbarkeit, liegt in der alleinigen Verantwortung des Käufer oder Leser.

Der Autor übernimmt keinerlei Verantwortung oder Haftung im Namen des Käufers oder Lesers dieses Materials.

Jede wahrgenommene Beleidigung einer Einzelperson oder Organisation ist völlig unbeabsichtigt. Manchmal verwende ich Affiliate-Links zum Inhalt des Buches. Das bedeutet, dass ich bei einem Kauf eine Verkaufsprovision erhalte. Das bedeutet jedoch nicht, dass meine Meinung käuflich ist. Alle im Buch aufgeführten Affiliate-Links sind die Dienste und Produkte, die ich selbst genutzt habe und die ich für nützlich befunden habe. Der Leser oder Käufer sollte seine eigene Recherche durchführen bevor Sie online einen Kauf tätigen.

Inhalt

1. Einführung
2. Möchten Sie wirklich ein Unternehmen gründen?
3. Die deprimierende Realität
4. Kennen Sie Ihre Persönlichkeit und bauen Sie Ihren Plan darauf auf
5. Was bedeutet das?
6. Welche Art von Geschäft?
7. Ich verstehe dich
8. Die Möglichkeiten zur Unternehmensgründung
9. Identifizieren Sie Ihre Zielkunden
10. Wie erreichen Sie Ihr Ziel?
11. Die Finanzen
12. Wählen Sie eine rechtliche Struktur
13. Gründung des Unternehmens
14. Servicebereitstellung
15. Testen und perfektionieren Sie das Modell
16. Erstellen Sie einen Plan.
17. Hindernisse
18. Abschluss

19. Über den Autor

Einführung

Wollten Sie schon immer ein Unternehmen gründen, wussten aber nicht genau, wo Sie anfangen sollen? Vielleicht fehlten ein paar Teile in Ihrem „Geschäftspuzzle"?

Es gibt viele Bücher, die praktische Tipps für den Start in ein Unternehmen geben, aber die meisten sind von Leuten geschrieben, die es noch nie selbst gemacht haben, oder sogenannten „Wirtschaftsprofessoren". Ich habe nichts gegen diese Leute oder ihre Arbeit. Tatsächlich bewundere ich ihre Leidenschaft für das, was sie tun, aber darüber zu reden und es tatsächlich zu tun sind zwei sehr unterschiedliche Dinge.

Ich habe mich aus zwei Gründen entschieden, dieses Buch zu schreiben. Erstens, weil ich einen Bedarf auf dem Markt erkennen konnte. Es gibt viele Leute mit Geschäftsideen, denen aber alle Teile des Puzzles fehlen und die darum kämpfen, die Dinge in die richtige Richtung zu bringen.

Zweitens dachte ich, dass ich meine Erfahrung gerne weitergeben würde, um zu helfen, weil ich mein ganzes Leben lang in die Geschäftswelt eingetaucht bin und es eine meiner großen Leidenschaften ist, in der ich das Glück hatte, einige Erfolge zu erzielen andere, damit ihre Träume Wirklichkeit werden.

Ich wage zu behaupten, dass Sie vielleicht andere Bücher von erfahrenen Geschäftsleuten lesen, die Ihnen sagen, dass Sie die Dinge etwas anders angehen sollen als ich, und das ist auch in Ordnung. Ich behaupte nicht, ein Geschäftsgott zu sein. Ich erzähle Ihnen nur, was ich gelernt habe, in der Hoffnung, dass auch Sie damit ein wenig Erfolg haben. Wir sind alle auf einer Lernreise und ich werde mein Buch später wahrscheinlich noch weiter optimieren, wenn ich lerne, wie man etwas etwas besser macht. Da sich die Technologie schneller weiterentwickelt, als ich meine Schnürsenkel binden kann, ist das durchaus möglich.

Die Gründung Ihres Unternehmens kann eine erstaunliche Erfahrung sein. Sie sind für Ihr eigenes Schicksal verantwortlich. Es ist die Art von Erfahrung, bei der man, wenn man einmal angefangen hat, nie wieder ein Lohnsklave sein möchte. Ich hoffe, dass dieses Buch Ihnen hilft, Ihren Weg einzuschlagen.

Möchten Sie wirklich ein Unternehmen gründen?

Sind Sie selbstdiszipliniert? Können Sie strategisch denken? Sind Sie ein Problemlöser? Bist du hartnäckig? Sind Sie ehrgeizig?

Wenn Sie sich nur mit dem zufrieden geben, was da draußen ist, ist die Wahrscheinlichkeit groß, dass Ihnen jemand es wegnimmt. Wenn Sie es gesehen haben *Dynastie* (der TV-Serie), Sie haben eine Vorstellung davon, wie die Geschäftswelt funktioniert. Allerdings würde ich sagen, dass es in der realen Welt etwas freundlicher und weniger betrügerisch ist. Hängen Sie sich also nicht zu sehr auf diese Vorstellung von der Geschäftswelt ein. Wenn die Dinge genauso ablaufen würden wie in der Fernsehserie, würden die Geschäfte nicht lange überleben, da Ihnen niemand vertrauen würde. Wie Sie feststellen werden, hängt der Geschäftserfolg größtenteils vom Vertrauen ab.

Das Geschäft ist eine Welt, in der es hart auf hart kommt; Wenn Sie nicht bereit sind, für das zu kämpfen, woran Sie glauben, fangen Sie nicht damit an. Sie brauchen auf jeden Fall ein Team von Menschen um sich herum, um ein erfolgreiches Unternehmen aufzubauen.

Sie können vielleicht ein mittelmäßiges Standardunternehmen aufbauen, aber selbst das ist unwahrscheinlich. Was passiert zum Beispiel, wenn Sie gegen eine Mauer stoßen, was Ihnen wahrscheinlich gelegentlich passieren wird?

Oder stoßen Sie vielleicht auf ein Problem? Wenn Sie nicht beharrlich oder ein guter Problemlöser sind, werden Sie höchstwahrscheinlich aufgeben.

Wenn Sie nicht selbstdiszipliniert sind, wer wird Sie dann unter Kontrolle halten, wenn Arbeit zu erledigen ist, Sie aber lieber auf Facebook nachsehen oder sich eine Reality-Show im Fernsehen ansehen?

Die deprimierende Realität

Wenn Sie Ihr eigenes Unternehmen gründen möchten, ist es nur richtig, dass Sie ein paar Statistiken über die Welt kennen, in die Sie gleich eintreten werden. Dies ist ein kurzes Kapitel, das sich mit den alarmierenden Fakten und Statistiken über Unternehmensgründungen befasst. Manche mögen das als negativ empfinden, aber wenn Sie wie ich sind, werden Sie es als Motivationsinstrument nutzen, um zu beweisen, dass Sie nicht Teil dieser Statistiken sind. Es geht auch darum, sich darauf einzustellen, die persönliche Haftung im Falle eines Scheiterns zu reduzieren.

Können Sie außergewöhnlich sein?

90 % aller neuen Unternehmen scheitern in den ersten fünf Jahren. Das heißt, wenn es nur 10 % der Unternehmen schaffen, müssen Sie in dem, was Sie tun, außergewöhnlich sein. Herausragend in dem zu sein, was Sie tun, bedeutet mehr als nur die Bereitstellung eines Produkts oder einer Dienstleistung.

Außergewöhnlich zu sein bedeutet, der Beste darin zu sein, etwas zu schaffen, was der Kunde will, durch seine Marketingbemühungen genügend Menschen davon zu informieren, fantastische Verkaufszahlen zu erzielen, Kunden dazu zu bringen, die Tür einzutreten, um es zu kaufen, und dann muss das Produkt auch außergewöhnlich geliefert werden. mit Sorgfalt, aber auch perfektionistischer Qualität geliefert.

Wenn Sie es geliefert haben, müssen Sie die Finanzen verwalten, für das, was Sie tun, bezahlt werden und gleichzeitig genug Geld verdienen, um alle Gemeinkosten und Kosten Ihres Unternehmens zu decken. Nachdem Sie die Finanzen verwaltet haben, müssen Sie wahrscheinlich einige unterstützende Probleme klären. Das nenne ich die Infrastruktur des Unternehmens, aber sie umfassen Dinge wie den Betrieb Ihrer Geschäftsräume, ordnungsgemäß funktionierende Systeme, die Lösung von IT-Problemen und einfach nur Allgemeines Probleme, von denen Sie sich wahrscheinlich wünschen, dass sie jemand anders lösen könnte. Wenn Sie jemals in einem größeren Unternehmen gearbeitet haben, sind dies Dinge, die Sie einfach als selbstverständlich betrachten, die aber für den Fortbestand des Unternehmens unerlässlich sind.

Glaubst du immer noch, dass du außergewöhnlich sein kannst?

Wir kennen keine genauen Statistiken darüber, warum sie scheitern, aber die häufigsten Gründe sind:

- Mangelnde Planung
- Nicht hartnäckig sein
- Desillusionierte Eigentümer (Gründer verdienen weniger als in einer Anstellung)
- Übermäßige Ressourcenkonzentration oder Konzentration auf einen oder zwei Kunden
- Schlechte Kontrolle der Finanzen und des Cashflow-Managements
- Verlorene Leidenschaft im Geschäft

Ein typischer Startup-Gründer verfügt über:

- 1-2 Monatsgehälter als Ersparnisse
- Praktische Erfahrung, aber sehr wenig Erfahrung mit dem gesamten Unternehmen und den damit verbundenen Prozessen
- Eine Einstellung ähnlich wie „Wenn ich es für ihn schaffen kann, kann ich es für mich selbst tun."

An dieser Stelle denke ich, dass es wichtig ist zu betonen, dass es fair genug ist, wenn Ihnen das bisher nicht gefällt und Sie denken, dass die Gründung eines Unternehmens nicht mehr das Richtige für Sie ist. Der Sinn dieser Reise bestand darin, Ihnen zunächst die Kehrseiten aufzuzeigen, damit Ihnen von nun an alles dabei hilft, ein erfolgreiches Unternehmen aufzubauen und sich dabei stets der negativen Aspekte bewusst zu sein. Ich hätte Ihnen zunächst sagen können, wie großartig das Leben ist, aber Sie würden Ihr Unternehmen mit einer völlig anderen Denkweise aufbauen. Sie würden es so einrichten, dass es bei der ersten Enttäuschung scheitert.

Bei der Unternehmensgründung stehen Ihnen einige Optionen offen. Seien Sie nicht entmutigt. Es gibt wahrscheinlich noch einen anderen Weg für Sie, Ihre Träume zu verwirklichen. Lesen Sie weiter und ich zeige Ihnen, wie es geht.

Kennen Sie Ihre Persönlichkeit und bauen Sie Ihren Plan darauf auf

Ich habe am Ende dieses Kapitels einen Link eingefügt. Dies ermöglicht Ihnen einen schnellen zweiminütigen Test und hilft Ihnen dabei, den Typ Ihrer Persönlichkeit zu identifizieren.
Möglicherweise haben Sie schon einmal von der Erstellung von Persönlichkeitsprofilen gehört. Vielleicht haben Sie es in der Schule, auf dem College oder an der Universität gemacht, oder wenn Ihr Arbeitgeber schlau war, haben Sie es

wahrscheinlich mit ihm gemacht. Die meisten Profilierungssysteme sagen Ihnen jedoch nicht, was Sie mit diesem Wissen tun sollen, nachdem Sie es erhalten haben.

Indem Sie Ihre Persönlichkeit kennen, können Sie erkennen, in welchen Rollen Sie am stärksten sind. Das bedeutet nicht, dass Sie im Rest schlecht sind, aber es ist am besten, sich auf das zu konzentrieren, worin Sie am stärksten sind. Viele Menschen konzentrieren sich auf ihre schwächsten Fähigkeiten und fragen sich dann, warum sie nicht sehr erfolgreich sind. Es gibt einen Grund, warum Sie Stärken haben – also nutzen Sie sie.

Als Beispiel dafür wird uns schon in jungen Jahren, während unserer Schulzeit, beigebracht, uns auf unsere Schwächen zu konzentrieren. Wir werden in etwas schlecht sein, und wir bekommen zusätzliche Arbeit zu Hause, vielleicht etwas zusätzlichen Unterricht, um unser Wissen über etwas zu erweitern, in dem wir nicht gut sind. Wahrscheinlich interessieren wir uns einfach nicht für dieses spezielle Thema, aber aus irgendeinem Grund wird uns beigebracht, dass wir in allem gut sein müssen, sonst sind wir ein Versager.

Was wäre, wenn wir nur in einem Fach gut wären? Nehmen wir in diesem Schulbeispiel an, dass wir gut Sprachen lernen können.

Wenn wir unsere gesamten Schuljahre auf dieses eine Fach konzentrieren würden, würden wir wahrscheinlich mehrere Sprachen fließend beherrschen und in der Kommunikation im späteren Leben herausragend sein. Denken Sie an die Jobs, die Menschen zur Verfügung stehen, die in mehreren Sprachen kommunizieren können.

Stattdessen müssen wir uns auf die Fächer konzentrieren, in denen wir schlecht waren, und verlassen die Schule schließlich mit Durchschnittsnoten für jedes Fach. Dasselbe Beispiel gilt für die traditionellen Abschlussprüfungen. Obwohl es andere Formen der Messung des akademischen Erfolgs gibt, ist die Prüfung am Ende des Semesters eine der bekanntesten.

Wenn Sie nicht gut darin sind, sich Dinge zu merken, werden Sie bei Prüfungen ziemlich schlecht sein, aber warum wird dann so viel Wert auf diese Form oder das Testen und Messen des akademischen Erfolgs gelegt? Sie sind vielleicht brillant darin, Probleme auf der Stelle zu lösen und schnell zu denken, aber dafür gibt es keine Prüfung, Sie müssen also ein Versager sein, oder?

Falsch. Wenn Sie sich selbst anhand der Stärken einer anderen Person einschätzen, wirken Sie im Vergleich zu dieser möglicherweise wie ein Versager. Ich kenne meine eigenen Stärken, bin von Natur aus ein kreativer Mensch und kann Ihnen 1.000 Lösungen für 10 Probleme geben. Ich weiß, dass meine Stärke darin liegt, meine kreative und strategische Natur einzusetzen, um anderen Menschen zu helfen. In der Schule war ich ziemlich beschissen und habe mittelmäßige Noten bekommen, wobei Mathematik mein bestes Fach war.

Der einzige Grund für eine anständige Note in diesem Fach war, dass die Hälfte der Note bei einem Unterrichtsprojekt und die andere Hälfte bei der Abschlussprüfung ermittelt wurde. Ich habe das Unterrichtsprojekt mit 98 % bestanden, dem Besten in der Klasse, und habe die Prüfung nur knapp bestanden.

Obwohl ich über viele Fähigkeiten verfüge, die in der Wirtschaft benötigt werden, weiß ich, dass ich nicht so stark bin wie Leute, die sich auf andere Bereiche spezialisiert haben.

Ich weiß zum Beispiel, dass ich jemanden brauche, der sich auf den Vertrieb konzentriert, jemanden, der sich auf die Details der Bereitstellung der Dienstleistung oder des Produkts konzentriert, und vielleicht jemanden, der meine Backoffice-Systeme und die IT-Infrastruktur aufbaut.

Die Leute sehen oft sehr schnell meine Erfolgsbilanz bei wachsenden Unternehmen und erwarten, dass ich ein Top-Verkäufer bin. Ich kann zwar verkaufen, aber was die Überzeugungskraft angeht, bin ich eher durchschnittlich. Mein Erfolg beim schnellen Wachstum von Unternehmen verdanke ich den Strategien, die ich verwendet habe. Das sind meine Fähigkeiten, an die ich mich auch jetzt halte.

Immer wenn ich mich von meinen eigenen Fertigkeiten abwendete und mich stattdessen auf eine andere Art von Fertigkeit konzentriere, in der ich nicht stark bin, lief es für mich nicht gut. Es ist ein bisschen so, als würden Sie die Gurus im Internet sehen, die Ihnen anbieten, Ihnen beizubringen, wie Sie Bitcoin-Millionär werden.

Ich weiß, dass der Versuch, mit Bitcoin zu handeln, eine Katastrophe wäre. Das liegt nicht an meinen Fähigkeiten, ich habe nicht die Liebe zum Detail, die nötig ist, und wenn ich also versuchen würde, den

Erfolg einer anderen Person auf diesem Gebiet nachzuahmen, würde ich am Ende etwas übersehen wichtig und wahrscheinlich bankrott gehen.

Dabei kommt es auf das Selbstbewusstsein an, und dieser Prozess beginnt mit dem Verstehen Ihres Persönlichkeitsprofils. Mit dem folgenden Persönlichkeitstest beginnen Sie den Weg zu Ihrem eigenen Erfolg und verstehen Ihren nächsten Schritt besser. Dies ist wahrscheinlich der wichtigste Teil Ihrer Zukunft und könnte Ihnen in der Zukunft viel Gewissenssuche und einige Katastrophen ersparen.

Hier ist der Link. Gehe zu www.geniusu.com. Es dauert zwei Minuten und ist kostenlos. Es ist sehr wichtig, dass Sie den Online-Test machen, bevor Sie mit dem Buch fortfahren.

Was bedeutet das?

Vielleicht ist Ihnen aufgefallen, dass es auf der Link-Website zahlreiche Videos gibt, die Sie über Ihren Persönlichkeitstyp und dessen Bedeutung informieren. Hoffentlich haben Sie sich ein paar Minuten Zeit genommen, sie anzusehen und es etwas besser zu verstehen. Für unseren Zweck werden wir sie im Folgenden zusammenfassen, und Sie werden verstehen, wie wichtig es ist, dass wir sie für die Zukunft nutzen. Wie Sie wahrscheinlich inzwischen wissen, wurde der Profiling-Test von Roger Hamilton, einem Unternehmerkollegen und Wirtschaftsautor, entwickelt und ist der einzige

Test, den ich kenne, der Ihnen hilft, die Bedeutung Ihres Ergebnisses zu verstehen.

Ich habe die Bedeutungen weiter erläutert, damit Sie Ihr Profil besser verstehen und verstehen können, welche Optionen die besten sind, um Ihre Geschäftsidee voranzutreiben. Ich würde mich freuen, von Ihnen zu hören und zu erfahren, was Ihre Genialität ist, denn das ist etwas, das mich wirklich interessiert, und wer weiß, vielleicht können wir sogar gemeinsam an etwas arbeiten.

Dynamo-Genie

Entwickeln Sie Konzepte und Ideen zu einem physischen Geschäftsmodell

Stärken:

- Dinge erschaffen
- Dinge erfinden
- Dinge verbessern und besser machen
- Strategien & Problemlösungen
- Innovation

Idealer Unternehmenstyp:

- Neues Geschäft oder ein Geschäft, zu dem Sie neue Produkte und Dienstleistungen hinzufügen können

Blaze-Genie

Verkaufen, Aufbau von Vertriebskanälen und Markteinführungswegen

Stärken:

- Menschen
- Beziehungen
- Förderung

Idealer Unternehmenstyp:

- Vertriebsfranchise
- Werbung für eine Marke
- Affiliate- oder Network-Marketing
- Öffentlichkeitsarbeit
- Jedes Unternehmen, bei dem Sie seine Vertriebskanäle erweitern können

Tempo-Genie

Liefern Sie das Produkt oder die Dienstleistung

Stärken:

- Ein Auge für Details und Qualität
- Dinge vor Ort managen

Idealer Unternehmenstyp:

- Service-Franchise (beachten Sie, dass Sie einen starken Verkäufer benötigen, wenn dieser keine Kunden beliefert)

Stahlgenie

Vereinfachen und systematisieren Sie das Geschäft

Stärken:

- Analyse
- Vereinfachen
- Systematisieren

Idealer Unternehmenstyp:

- Analyse-, Beratungs- oder Systemanbietergeschäft
- Finanzdienstleistungen
- Rechtsberatung

Welche Art von Geschäft?

Für welche Art von Unternehmen sollten Sie sich also aufgrund Ihrer Ergebnisse entscheiden?

Ihnen stehen eine Reihe von Möglichkeiten zur Verfügung, jede mit Vor- und Nachteilen. Wir werden sie uns nacheinander ansehen.

- Kaufen Sie eine Franchise
- Von vorne anfangen
- Kaufen Sie ein Unternehmen
- Seien Sie ein Intrapreneur

Kaufen Sie eine Franchise.

Positiv: Ein bewährtes System, ein anerkannter Markenname, geschäftliche Unterstützung

Nachteile: Dinge können nicht geändert werden, Dienstleistungen oder Produkte können nicht zum bestehenden Angebot hinzugefügt werden, der Kauf der Franchise kann mit hohen Vorabkosten verbunden sein. Meistens müssen Sie Ihren eigenen Kundenstamm aufbauen

Von vorne anfangen.

Positiv: Sie können Ihr eigenes Geschäftsmodell erstellen

Nachteile: Strategie mit dem höchsten Risiko, hohe Misserfolgsquote, keine Markenbekanntheit, Potenzial für einen sehr schnellen Verlust Ihrer Investition, Aufbau eines Kundenstamms von Grund auf

Kaufen Sie ein Unternehmen.

Positiv: Ein bestehender Kundenstamm, ein anerkannter Firmenname und Ruf, Strukturierung des Kaufs nach zukünftigen Gewinnen, geringes Risiko bei ordnungsgemäßer Verwaltung und das Unternehmen hat einen guten Ruf.

Nachteile: Risiko, frühere Kunden zu verärgern, möglicherweise die Probleme anderer zu übernehmen, Risiko, dass Mitarbeiter mit dem alten Eigentümer abwandern, Sie müssen zuvor ein ähnliches Unternehmen geführt haben

Seien Sie ein Intrapreneur

Ein Intrapreneur zu sein bedeutet, etwas innerhalb eines bestehenden Unternehmens zu tun. Das bedeutet, dass Sie mit einem etablierten Geschäftsinhaber zusammenarbeiten und Ihre

Fähigkeiten einsetzen, um ihn auf seinem Weg zu unterstützen, im Gegenzug für eine Beteiligung an diesem Unternehmen

Positiv: Etablierter Kundenstamm, Mitarbeiterteam, auf das Sie bei Bedarf zurückgreifen können, das Unternehmen verfügt über eine etablierte Erfolgsbilanz und einen guten Ruf

Nachteile: Ihr „Markenname" hängt nicht an der Tür, Sie besitzen nicht 100 % des Unternehmens

Ich verstehe dich

Abgesehen vom Persönlichkeitstest soll Ihnen dieser Abschnitt wirklich dabei helfen, zu verstehen, wo Ihre Testergebnisse passen und wo Sie vielleicht nach einer Gelegenheit suchen sollten. Wenn Sie bereits eine Branche/ein Unternehmen im Sinn haben, können Sie diesen Abschnitt entweder überspringen oder ihn als Referenz verwenden.

- Was sind deine Stärken?

- Welche Rollen haben Ihnen in der Vergangenheit Spaß gemacht?

- Wissen Sie, warum es Ihnen Spaß gemacht hat, sie zu machen? Vielleicht lag es an der Interaktion zwischen Menschen, oder vielleicht liegt es auch daran, dass Sie gerne organisiert sind und alle um Sie herum organisiert haben.

- Welche Erfahrung bringst du mit?

Wenn Sie einige Jahre in einer bestimmten Branche gearbeitet haben, wissen Sie, wie es auf der einen oder anderen Ebene funktioniert (sei es die praktische Bereitstellung oder der Back-Office-Prozess). In jedem Fall verfügen Sie über Insiderwissen (und wahrscheinlich auch über Kontakte) in dieser Branche.

Wenn Sie keine Erfahrung in dieser Branche haben (z. B. sind Sie Soldat im Ruhestand, Absolvent, Schulabbrecher usw.), haben Sie zwei Möglichkeiten:

1. Finden Sie eine bezahlte Anstellung und erfahren Sie mehr über eine bestimmte Branche.

   ODER

2. Schauen Sie sich Ihre Hobbys und Interessen genauer an.

In jedem Fall braucht man Leidenschaft in dieser Branche. Wenn es Ihnen in der Branche, in der Sie arbeiten, an Leidenschaft mangelt, werden Sie wahrscheinlich aufgeben, wenn die Zeiten schwierig werden (was auch der Fall sein wird).

Warum möchten Sie ein Unternehmen gründen?

Wenn es um Geld geht…. STOPPEN! Die Reise wird zu beschwerlich für Sie sein und Sie werden wahrscheinlich alles verlieren, lange bevor Sie auch nur annähernd das Geld verdienen, das Sie jetzt in Ihrem Vollzeitjob verdienen.

Wenn es um die Freiheit geht … STOP! Der größte Mythos ist, dass du frei sein wirst. Anstatt nur einen Chef zu haben, der Sie zufrieden stellt, haben Sie jetzt 50, 100 oder 150 oder mehr, die alle darauf warten, dass Sie sie JETZT zufrieden stellen. Jeder Kunde wird glauben, dass Sie ihm gehören. Sie bezahlen dich, also sei besser bereit, ihren Hintern zu küssen!

Solange Sie nicht über ein vollständiges Managementteam verfügen und in der Regel über jemanden, der für Sie das „Hintern-End-Küssen" übernimmt (oder das Äquivalent in Form von virtuell ausgelagerten Mitarbeitern), werden Sie 18

Stunden am Tag, 7 Tage die Woche arbeiten. Es steht Ihnen jedoch frei, die 18 Stunden des Tages zu arbeiten, die Sie wünschen.

Sie können beispielsweise wählen, ob Sie von 6 Uhr morgens bis Mitternacht oder, wenn Sie möchten, von 5 Uhr morgens bis 23 Uhr arbeiten möchten. Hey, das könnte man in einer regulären Beschäftigung nicht tun – lass dir diese Freiheit nicht entgehen. Denken Sie daran: Es ist das, was Sie wollten!

Die Möglichkeiten zur Unternehmensgründung

Basierend auf Ihrem Persönlichkeitstyp habe ich die Ihnen zur Verfügung stehenden Möglichkeiten und meiner Meinung nach die besten Optionen aufgelistet, um Ihre Erfolgschancen zu verbessern.

Dynamo-Genie-

Kaufen Sie ein Unternehmen.

- Erstellen Sie einen neuen Service oder verbessern Sie bestehende Produkte und Services. Stellen Sie sicher, dass Sie über ein

Managementteam verfügen, das die Lieferung verwaltet und sicherstellt, dass das Unternehmen Ihre Ausgaben finanzieren kann. Sie werden nicht „im" Unternehmen arbeiten. Versuchen Sie nicht, „im" Geschäft zu arbeiten; Das ist nicht deine Stärke und du wirst nur unglücklich und erfolglos sein.

Von vorne anfangen.

- Verbessern Sie auf der Grundlage Ihrer Branchenerfahrung etwas innerhalb dieser Branche.

Kaufen Sie eine Franchise.

- Diese Option wird Sie sehr unglücklich machen. Sie werden Ihre Kreativität nicht zum Ausdruck bringen können und das Geschäft wird unweigerlich scheitern und damit auch Ihre Investition.

Blaze-Genie-

Kaufen Sie ein Unternehmen.

- Erweitern Sie die Vertriebskanäle und fördern Sie das Unternehmen auf so viele Arten wie möglich. Stellen Sie sicher, dass Sie über ein gutes Lieferteam verfügen, sonst leidet Ihre Qualität.

Von vorne anfangen.

- Nehmen Sie eine bestehende Marke und vervielfachen Sie ihre Vertriebskanäle. Affiliate- oder Network-Marketing könnte für Sie von Vorteil sein. Eine Branche zu wechseln oder buchstäblich bei Null anzufangen, ist nichts für Sie.

Kaufen Sie eine Franchise.

- Ein Vertriebsfranchise ist genau das Richtige für Sie. Es gibt Ihnen eine Marke, die Sie bewerben können, zusammen mit bewährten Systemen und Geschäftsmodellen, damit Sie damit weitermachen können. Versuchen Sie, ein Franchise-Modell zu finden, das Ihnen so viel Papierkram wie möglich abnimmt und Ihnen mehr Zeit für den Aufbau lebenswichtiger Vertriebsbeziehungen lässt.

Tempo-Genie-

Kaufen Sie ein Unternehmen.

- Verbessern Sie die Qualität der Servicebereitstellung. Stellen Sie sicher, dass Sie über ein gutes Vertriebsteam und zahlreiche Vertriebskanäle verfügen.

Wenn der Umsatz ausbleibt, fällt es Ihnen schwer, das Geschäft am Laufen zu halten, insbesondere wenn es sich nicht um ein etabliertes Unternehmen in der Branche handelt.

Von vorne anfangen.

- Sofern Sie nicht planen, sich selbstständig zu machen und bestehende Unternehmen mit praktischen Dienstleistungen zu versorgen, ist dies nicht die beste Option für Sie. Es wird Ihnen schwerfallen, neue Umsätze zu erzielen, und Ihr Unternehmen muss ein Nachahmerunternehmen sein. Versuchen Sie nicht, die Welt zu verändern; es wird dir Energie rauben. Um im Selbstständigkeitsmodell erfolgreich zu sein, benötigen Sie ein starkes Vertriebsteam und die Systeme, die sicherstellen, dass Sie das Geschäft ausbauen können, indem Sie mehr praktisches Personal einstellen.

Kaufen Sie eine Franchise.

- Ein Service-Franchise ist genau das Richtige für Sie. Es gibt Ihnen eine anerkannte Marke. Wenn Sie das richtige Franchise kaufen, müssen Sie sich keine Gedanken über den Umsatz machen. Sie arbeiten in einem bewährten und profitablen Geschäftsmodell.

Mit diesem Modell können Sie sich auf die Bereitstellung qualitativ hochwertiger Produkte oder Dienstleistungen konzentrieren, ganz im Einklang mit der Schulung des Franchisegebers. Versuchen Sie nach Möglichkeit, ein

Franchise-Unternehmen zu finden, bei dem Sie das Unternehmen nicht „verkaufen" müssen. Einige Franchise-Anbieter übernehmen diese Rolle zentral.

Stahlgenie-

Kaufen Sie ein Unternehmen.

- Ein Unternehmen im Frühstadium ist die beste Gelegenheit für Sie. Wenn Sie über Managementerfahrung verfügen, könnte ein Turnaround-Unternehmen geeignet sein. Viele kleine Unternehmen scheitern, weil sie versuchen zu wachsen, ohne zuerst die Systeme und die Backoffice-Struktur einzurichten. Ihr analytisches Wesen ist in diesem Bereich ausgeprägt. Analysieren Sie das Unternehmen, machen Sie es einfacher und verbessern Sie es, indem Sie die Prozesse und Systeme einführen, die es besser machen.

Es ist durchaus üblich, dass dieser Persönlichkeitstyp mit einem Dynamo-Typ zusammenarbeitet und das Unternehmen zu einer Franchise-Marke macht. Auch viele Unternehmensinvestoren haben diesen Persönlichkeitstyp.

Von vorne anfangen.

- Dies ist wahrscheinlich das Geschäft, in dem es für Sie am schwierigsten ist, erfolgreich zu sein. Am besten starten Sie ein Unternehmen mit automatisierten Verkäufen, beispielsweise ein Online-Geschäft, bei dem nur minimaler persönlicher Kontakt erforderlich ist, um einen Verkauf abzuschließen. Sie bevorzugen Einfachheit und einige Kunden empfinden diesen Ansatz als dreist.

Um in diesem Modell erfolgreich zu sein, benötigen Sie eine bewährte Geschäftsidee/ein bewährtes Geschäftsmodell. Sie benötigen den Vertriebskanal und praktische Leute, die die

Waren liefern. Verstehen Sie, dass Ihre Stärke darin besteht, „Dinge, die bereits funktionieren" in „Dinge, die erstaunlich gut funktionieren, mit weniger Teilen" umzuwandeln.

Wenn Sie Erfahrung in der Programmierung von Computern haben, kann die Erstellung von Apps und internetbasierten Plattformen ein Weg für Sie sein, aber arbeiten Sie entweder mit einem Dynamo- oder Blaze-Genie zusammen, um zu verstehen, was der Kunde will und welche Art von Problem Sie lösen oder was auch immer Sie könnten am Ende eine Lösung für ein Problem finden, das eigentlich gar nicht existiert.

Kaufen Sie eine Franchise.

- Dies ist nicht die beste Option für Sie, Sie werden sich extrem langweilen und in einem System arbeiten, das sich bereits bewährt hat. Sie haben nichts zu tun und können die Geschäftsprozesse nicht verbessern.

Viele Menschen glauben, dass die einzige Möglichkeit zur Unternehmensgründung darin besteht, den offensichtlichen Weg einzuschlagen und einfach bei Null anzufangen. In Wirklichkeit ist dies das riskanteste. Wenn Ihre Persönlichkeit zu Ihnen passt, erkunden Sie die Franchise- oder Geschäftskaufoptionen weiter.

Auch wenn die anfänglichen Kosten unbequem erscheinen können, könnten die Endergebnisse es doch rentabler machen. Lassen Sie sich nicht vom anfänglichen Kostenfaktor entmutigen.

Wenn Sie bei Null anfangen, müssen Sie viel mehr Geld ausgeben, um auf dem gleichen bewährten Niveau und mit der gleichen Markenbekanntheit in Ihrem Markt zu gelangen wie bei den beiden anderen Optionen. Sie denken vielleicht, dass es möglich ist, ein Unternehmen zu sehr geringen Kosten zu gründen, aber glauben Sie mir, es wird Sie viel mehr Geld kosten, als Sie erwarten.

Außerdem wird es viele Jahre dauern, bis Sie Ihre Marke aufgebaut haben, und es wird wahrscheinlich sehr schwierig für Sie sein, überhaupt Kunden zu finden. Ich war selbst dort. Als Unternehmer, der bei Null anfängt, wird Ihr Unternehmen auch nur wenig oder gar keine finanzielle Unterstützung erhalten, wohingegen sowohl Franchise- als auch bestehende Unternehmen bewährte Geschäftsmodelle sind, bei denen Banken und andere Finanziers eher bereit sind, Geld zu leihen, basierend auf den Finanzergebnissen des jeweiligen Unternehmens miteinander ausgehen.

Welcher Persönlichkeitstyp Sie auch sind, Sie benötigen die Unterstützung anderer. Dies kann direkt dadurch geschehen, dass Ihre Freunde und Familie Ihnen körperlich helfen oder dass andere Unternehmer mit Ihnen zusammenarbeiten. Es kann sich auch um eine indirekte Unterstützung handeln, bei der Sie die Systeme, Marken und Geschäftsmodelle nutzen, die bereits von jemand anderem erstellt wurden, um Sie zu unterstützen.

Ein einfaches Beispiel für indirekte Unterstützung sind Social-Media-Plattformen wie Facebook oder LinkedIn, die eine Plattform bieten, auf der Sie sich und Ihr Unternehmen einem Massenpublikum vorstellen können.

Ein weiteres Beispiel für indirekte Unterstützung ist Buchhaltungs- oder Warenwirtschaftssoftware. Wenn Ihr Unternehmen dafür bereit ist, stellen Sie sicher, dass Sie sie nutzen. Sie mögen teuer erscheinen, aber Sie können die meisten davon jetzt monatlich bezahlen. Ohne sie wird Ihr Unternehmen nie groß genug werden, um Sie von seinem 18-Stunden-Nachfragezyklus zu befreien.

Identifizieren Sie Ihre Zielkunden

Okay, bevor Sie sich mitreißen lassen und anfangen zu rennen, bevor Sie laufen können, müssen wir am Anfang beginnen.

Sie haben also Ihre Geschäftsidee. Jetzt müssen Sie das Geschäftsmodell beweisen. Wenn Sie sich für den Kauf eines Unternehmens oder einer Franchise entschieden haben, hat jemand diesen Teil bereits für Sie erledigt.

Andernfalls müssen Sie das Modell durcharbeiten, um sicherzustellen, dass es im kleinen Maßstab, vorzugsweise bei einem oder zwei kleinen Kunden, profitabel ist, bevor Sie Unmengen von Geld darauf werfen, um es zu skalieren.

Wie bei vielen Dingen gilt: Beharren Sie darauf. So viele Menschen erwarten über Nacht Erfolg und geben auf, wenn er nicht eintritt. Ich kann garantieren, dass es nicht über Nacht passieren wird. Bleiben Sie dran, glauben Sie, dass es passieren kann, und irgendwann werden Sie den richtigen Ansatz und wahrscheinlich auch das richtige Publikum finden.

Auch beim Kauf eines Unternehmens oder einer Franchise müssen Sie wissen, wer Ihre Zielgruppe ist. Hier sind einige Fragen, die Sie sich in dieser Phase des Prozesses stellen sollten:

- Sprechen Sie Geschäftskunden (B2B) oder Privatkunden (B2C) an?

- Wen nutzen Ihre Kunden derzeit zur Erfüllung ihrer Bedürfnisse?

- Was zahlen Ihre Kunden dafür?

- Lohnt es sich für Sie, 5-10 % unter diesen Kursen zu verkaufen?

- Wenn Sie 5–10 % weniger verlangen als Ihre Mitbewerber, können Sie es sich dann leisten, jemand anderen mit der Erbringung dieser Dienstleistung in Ihrem Namen zu beauftragen und Ihr Unternehmen trotzdem profitabel/lohnenswert zu machen?

- Gibt es etwas, das Sie zu den Dienstleistungen/Produkten Ihrer Mitbewerber hinzufügen können, um diese zu ergänzen und Ihnen gleichzeitig den Markteintritt durch eine Partnerschaft mit ihnen zu ermöglichen?

- Sie haben also den Preis als Unterscheidungsmerkmal gewählt? - Warum wird der Kunde, abgesehen vom Preis, zu Ihnen wechseln – ein unerprobtes Geschäft?

- Wie sonst, abgesehen vom Preis, könnten Sie Ihr Geschäftsangebot von dem Ihrer Mitbewerber abheben?

Ich bin kein großer Fan von Preiswettbewerben, obwohl ich als etabliertes Unternehmen schon oft dabei war.

Anstatt bei Null anzufangen und über den Preis zu konkurrieren, ist es meiner Meinung nach besser, mit einem etablierten Player auf dem Markt zusammenzuarbeiten, denn andernfalls ist es bestenfalls so, wenn es bereits zwei Player auf dem Markt gibt und man ein drittes Unternehmen gründet, das diesen Markt bedient Sie erreichen nur einen Anteil von 30 % an diesem Markt. Indem Sie einem bestehenden Spieler etwas hinzufügen, verwässern Sie den Markt nicht weiter und alle gewinnen.

Eine preisliche Differenzierung kann zu einer Geschäftskatastrophe führen. Sie werden in einen Preiskampf mit Konkurrenten geraten, die über viel größere Taschen verfügen und letztendlich jeglichen Wert in Ihrer Branche zunichte machen. Irgendwann werden Sie Kunden haben, die denken, sie könnten ihren Preis nennen, weil Ihr Ansatz auf sie wirkt, als wären sie verzweifelt auf der Suche nach ihrem Geschäft.

Als etabliertes Unternehmen war ein Teil unseres Unternehmens vor vielen Jahren mit dem Bau neuer Häuser auf Grundstücken mit mehr als 200 Häusern pro Grundstück beschäftigt.

Diese Verträge waren gut für den Kapazitätsaufbau im Unternehmen, da jeder Standort garantierte, dass wir für einen bestimmten Zeitraum, der normalerweise mindestens 12 Monate betrug, eine bestimmte Anzahl von Mitarbeitern für diesen Standort benötigen würden.

Das Problem war jedoch, dass wir mit solchen Verträgen kein wirkliches Geld verdienten, denn obwohl wir langfristige Beziehungen zu den Kunden hatten, gab es immer jemanden, der bereit war, uns zu überbieten und dafür im Gegenzug zu einem niedrigeren Preis zu arbeiten garantierte

Arbeitszeit. Ein extremer Fall hierfür war bei einer der nationalen Hausbaufirmen, die, anstatt dass wir den Preis für den Vertrag selbst erhöhten, uns stattdessen einen Preis durchschickten, den sie dann von uns verlangten, weiter zu reduzieren.

Der Gewinner wäre der Auftragnehmer, der ihm den größten Rabatt auf seinen empfohlenen Preis gewährt hat.

Als wir den Preis für den Vertrag selbst festlegten, stellten wir fest, dass der Preis, den sie uns gegeben hatten, tatsächlich unser Bruttoeinstandspreis war (ohne Gemeinkosten oder Gewinn). Dies bedeutete, dass es keinen Gewinn geben würde und dass im Falle von Problemen oder Verzögerungen beim Vertrag die zusätzlichen Kosten aus eigener Tasche zu tragen wären.

Aber damit war es noch nicht getan, denn mit der Garantie, an einem bestimmten neuen Standort arbeiten zu können, hätten wir dieses Risiko ertragen können. Das Problem bestand darin, dass der Kunde von uns einen weiteren Preisnachlass erwartete, was bedeutete, dass wir ihn im Wesentlichen bezahlten. Aber hier führt der Versuch, Ihr Unternehmen mit dem niedrigsten Preis zu positionieren, letztlich zum Ziel.

Dieser besondere Kunde war so groß und so zuversichtlich, immer einen Lieferanten gegen einen anderen auszuspielen, dass er am Ende diktierte, wie viel jeder Auftragnehmer bezahlen würde.

Stellen Sie sich vor, jeder Lieferant würde die Strategie des „niedrigsten Preises" wählen. Der Preis wäre so niedrig, dass niemand Geld verdienen würde und jeder Lieferant bankrott gehen würde. Bei einer unrentablen Dienstleistung/einem unrentablen Produkt möchte niemand es liefern. Jeder Zulieferer würde aufhören, sein Personal in diesem Unternehmensbereich weiterzubilden, und auf lange Sicht gäbe es niemanden, der diese Schulungen durchführen könnte.

Irgendwann würde sich der Kreis schließen und es gäbe eine große Nachfrage nach dieser Dienstleistung/diesem Produkt, aber niemanden, der sie anbieten würde. Der Wert dieses Produkts oder dieser Dienstleistung würde tatsächlich in die Höhe schnellen.

Naiv könnten Sie denken: „Okay, ich werde hier sein, wenn es wieder soweit ist." Das ist Unsinn, denn wenn Menschen etwas brauchen, das nicht verfügbar ist, finden sie andere Alternativen. Da ständig neue Technologien auftauchen, werden diese Alternativen höchstwahrscheinlich auch kommen technologiebasiert sein.

Stellen Sie sich zum Beispiel vor, Autos wären so teuer, dass niemand sie jemals gekauft hätte? Wie würden Sie reisen? Das ist einfach. Entweder würde man zu Fuß gehen oder mit dem Fahrrad fahren, oder vielleicht würde jemand ein anderes Transportsystem erfinden, das Autos völlig überflüssig macht. Während also diese Autohersteller herumsitzen und darauf warten, dass sich der Kreis schließt, ist jemand anderes hinzugekommen und hat ihnen den Markt weggenommen.

Wenn Sie ein Unternehmen kaufen, müssen Sie den bestehenden Kundenstamm untersuchen und prüfen, welcher Dienstleistungstyp sich am besten verkauft und an welchen Kundentyp. Dann müssen Sie sich wirklich mit den Zahlen befassen. Ich gehe in meinem Buch viel ausführlicher darauf ein, wie das geht *„Das Momentum-Framework: Steigern Sie Ihr Geschäft und dominieren Sie den Markt in jeder Wirtschaft."*

Hier haben Sie zwei Möglichkeiten:

1. Konzentrieren Sie sich darauf, mehr der beliebtesten Linien an ähnliche Kunden zu verkaufen (d. h. identifizieren Sie Ihr Ziel).

    ODER

2. Konzentrieren Sie sich auf das Produkt oder die Dienstleistung, die sich nicht so gut verkauft, und versuchen Sie zu verstehen, warum. Wenn Sie wissen, warum, können Sie es optimieren oder Ihren Ansatz ändern. In diesem Optimierungsprozess erfahren Sie auch mehr über Ihren idealen Zielkunden

Mein erster Fokus würde auf den beliebten Linien liegen. Wenn es gefragt und profitabel ist, lohnt es sich zu verstehen, warum es gefragt ist, und dann einfach seine Reichweite auf ähnlichere Zielkäufer auszudehnen.

Ein Beispiel hierfür könnte ein Catering-Unternehmen sein. Das Unternehmen verkaufte Catering-Dienstleistungen für eine Reihe von Kunden und bestand zu 70 % aus Schulen, 20 % aus Pflegeheimen und 10 % aus Büros. Bei Option 1 könnten Sie sich dafür entscheiden, den Ansatz auf Büros zu verzichten und sich stattdessen dafür zu entscheiden, diese Ressource für den Schulsektor zu nutzen.

Unter der Annahme, dass der Verkaufsprozess für jeden Kundentyp gleich ist, sollte das Catering-Unternehmen in der Lage sein, siebenmal so viele Bestellungen zu gewinnen wie bei der Ansprache des kleinsten Kundensegments. Wenn Ihre Vertriebsressourcen begrenzt sind, was auch der Fall sein sollte, da sie im Wesentlichen einen Mehraufwand für das Unternehmen darstellen, ist dies die Strategie, die Sie verfolgen sollten. Sie müssen die Ergebnisse jedes Ihrer Vertriebskanäle maximieren.

Wenn wir uns Option 2 ansehen, würden wir uns die 2 ansehen[nd] Sehen Sie sich den größten Markt (Pflegeheime) an und gehen Sie eingehend auf die Gründe ein, warum er nur 20 % des Umsatzes ausmacht.

Wenn Sie tiefer in die Materie eintauchen, werden Sie besser verstehen, dass die Pflegeheime Ihr Unternehmen nur als Unterstützung nutzen, da sie bereits über eigenes Catering-Personal und eigene Catering-Einrichtungen verfügen. In diesem Fall können Sie jetzt Ihre Herangehensweise an dieses Kundensegment anpassen und den Pflegeheimen die Idee vorschlagen, ihre Catering-Abteilung auszulagern, was Vorteile wie eine Reduzierung der Catering-Einrichtungen vor Ort und die Verwaltung der Abwesenheit von Mitarbeitern mit sich bringen würde mit einer Vielzahl von Compliance-bezogenen Themen und fortlaufender Mitarbeiterschulung.

Wenn Sie diesen Teil des Geschäfts neu positioniert haben, könnte es andere Märkte geben, die sich für eine ausgelagerte Catering-Bereitstellung öffnen.

Wenn Sie ein Unternehmen kaufen, würde ich Ihnen raten, sich zunächst auf die stärksten Märkte und Dienstleistungsbereiche zu konzentrieren; Dies sind die Dienstleistungs-/Produktlinien, die das Geschäft am Laufen halten, sodass sie letztendlich Ihren Geschäftskredit, Ihr Personal, Ihre Hypothek, Fahrzeuge, Ausgaben usw. bezahlen.

Wenn Sie dies getan haben, wird das Geschäft viel stärker sein und Sie haben die Möglichkeit, sich mit anderen Märkten zu befassen, d. h. mit Option 2 zu beginnen.

Beginnen Sie dabei mit dem größten Kundensegment und arbeiten Sie sich dann nach unten vor. Auf diese Weise stärken Sie sich immer weiter. Es ist, als würde man 10 % auf 1000 $ oder 10 % auf 10 $ hinzufügen. Was würden Sie als

Gegenleistung für Ihre Zeit bevorzugen? Je erfolgreicher ein Marktsegment bereits ist, desto besser können Sie es machen und desto geringer ist das Risiko, dass Sie dabei scheitern.

Anstatt sich ausschließlich auf den Umsatz zu konzentrieren, sollten Sie diese Übung aus einer Gewinnperspektive angehen. Es ist der Gewinn, der das Geschäft am Laufen hält. Der Verkaufswert hält die Leute einfach in Beschäftigung, und wir können alle vielbeschäftigte Dummköpfe sein. Das ist nicht der kluge Teil des Geschäfts. Sie werden wahrscheinlich feststellen, dass 80 % Ihres Gewinns von nur 20 % Ihrer Kunden stammen.

Während die am wenigsten profitablen 80 % die Mitarbeiter in ihren Beschäftigungsverhältnissen behalten, verfügen Sie, sobald Sie verstehen, welche Kunden/Dienstleistungs-/Produktlinien Ihre profitabelsten 20 % ausmachen, über die zusätzliche Ressource, die Sie in Ihr profitableres Kundensegment einbringen können während Sie dies weiterentwickeln. Auf diese Weise bedeutet das, dass wir nicht einfach das am wenigsten profitable 80-Prozent-Kundensegment ausschließen.

Wenn die am wenigsten profitablen Kundensegmente über Nacht wegfallen würden, würden Sie Ihrem Unternehmen ernsthaften Schaden zufügen und auch mögliche Beziehungen schädigen, die das Unternehmen über einen langen Zeitraum aufgebaut hat. Außerdem würden Ihnen hohe Kosten im Zusammenhang mit Personalentlassungen entstehen, daher ist es immer am besten, dies zu vermeiden. Es könnte möglich sein, den bestehenden Produktlinien dieser Kunden etwas hinzuzufügen, das die Rentabilität dieses Segments ganz einfach verdoppeln würde.

Hier gibt es kein Geheimnis. Jedes Unternehmen wird anders sein, aber das Wichtigste ist, diese

Kunden wirklich zu verstehen und zu wissen, wo die Umsätze/Gewinne im Unternehmen liegen. Wenn Sie über diese Informationen verfügen, können Sie eine fundierte Entscheidung über das weitere Vorgehen treffen.

Im Falle eines standortbasierten Unternehmens nehmen wir als Beispiel ein Hotelunternehmen. Die meisten Hotelunternehmen bestehen aus verschiedenen Kundensegmenten, darunter:

- Unternehmen/Auftragnehmer
- Reisegruppen-/Agenturbuchungen
- Privat – im Umkreis von 100 Meilen
- Privat – Gleiches Land, mehr als 100 Meilen Umkreis
- Privat – International

Wenn Sie Ihre Kundensegmente auf diese Weise kategorisieren und analysieren, stellen Sie möglicherweise fest, dass Reisegruppen am wenigsten profitabel sind, das Geschäft aber in der Nebensaison am Laufen bleibt. Ebenso könnten Sie feststellen, dass Kunden, die aus dem Ausland anreisen, Sie 30 % Ihres Marketingbudgets kosten, Ihnen aber nur 5 % Ihres Umsatzes/Gewinns einbringen. Die offensichtliche Antwort besteht darin, entweder den internationalen Markt aufzugeben oder einen Handelsvertreter zu suchen, der Ihre Marketingkosten auf dieses Segment senken und Ihnen gleichzeitig die Buchungen verschaffen kann.

Wenn Sie eine Franchise erwerben, wird sich der Serviceansatz bereits bewährt haben. Es gibt Regeln dafür, wie Sie ein Franchise betreiben und wie Sie an einen bestimmten Markt/ein bestimmtes Dienstleistungsangebot herangehen. Es ist unwahrscheinlich, dass Sie dies ändern können, obwohl ich mich fragen müsste, warum Sie ein bewährtes Erfolgsmodell ändern möchten. Das ist im Wesentlichen das, wofür Sie bezahlen.

Ein erfolgreicher Franchisegeber lässt Sie den Serviceansatz ganz sicher nicht ändern. Deshalb kaufen Sie eine Franchise. Die Methoden werden getestet und es sind Systeme vorhanden, die Ihnen dabei helfen, den Prozess so schnell und effizient wie möglich durchzuführen. Stellen Sie bei dieser Option sicher, dass die Schulung in der Anfangs- oder Vorabgebühr enthalten ist.

Um Ihnen ein klareres Verständnis der Gebührenstruktur eines Franchise-Unternehmens zu vermitteln, setzt sich diese in der Regel wie folgt zusammen:

- Vorabgebühr – Zahlen Sie eine Vorabgebühr, um loszulegen.

- Laufende Verwaltungsgebühr – Diese deckt alle Arten von Dienstleistungen ab, die vom Franchisegeber abhängen, kann aber auch Ihre IT, Back-Office-Unterstützung, Helpdesk usw. umfassen. Dabei kann es sich um eine feste Gebühr oder einen Prozentsatz Ihres Umsatzes handeln.

- Marketinggebühr – Diese wird normalerweise für die landesweite oder regionale Markenbekanntheit verwendet, beispielsweise für Werbung in Branchenmagazinen, Fernsehwerbung oder für die Ansprache nationaler Kunden. Einige Franchise-Unternehmen nehmen Ihnen den Verkaufsprozess vollständig ab, und die Marketinggebühr deckt auch die Kosten dafür ab. Denken Sie daran, dass Ihr Unternehmen ohne Marketing/Vertrieb nicht existieren wird. Da es jemand tun muss, warum sollte man es dann nicht den Experten überlassen?

- Lizenzgebühr – Hierbei handelt es sich um eine geringe laufende Gebühr, die normalerweise auf einem Prozentsatz Ihres Verkaufserlöses basiert. In Wirklichkeit zahlen Sie jedoch für die Nutzungsrechte der Marke und Systeme des Franchisegebers. Dies ist im Allgemeinen der Zeitpunkt, an dem der Franchisegeber seine anfängliche Investition in den Aufbau des Franchise-Modells zurückerhält. Die anderen Gebühren beinhalten normalerweise kein „Gewinn"-Element für den Franchisegeber, daher ist dies Teil des Gewinnelements des Franchisegebers. Beschweren Sie sich nicht darüber; Sie haben Ihnen eine Plattform zum Erfolg geboten, jetzt müssen sie dafür bezahlt werden. Ohne Gewinn gäbe es für den Franchisegeber keinen Grund, ein Modell aufzubauen, und die meisten Franchisegeber werden viele Millionen in den Aufbau des Geschäftsmodells investieren. Eine Unterstützungsstruktur, die Ihr Unternehmen hinter den Kulissen am Laufen hält.

Wie erreichen Sie Ihr Ziel?

Okay, wie erreichen Sie Ihre Zielkunden und warum werden sie bei Ihnen kaufen?

Für welchen Ansatz Sie sich auch entschieden haben, ob Franchise, Unternehmenskauf oder Neuanfang, meiner Meinung nach ist dies wahrscheinlich der schwierigste Weg, den richtigen Weg zu finden.

Um dies zu erreichen, müssen einige Dinge kombiniert werden:

1) Nachgewiesene Erfahrung
2) Eine vertrauensvolle Beziehung zu Ihrem Interessenten
3) Marken-/Geschäftsbewusstsein
4) Wertversprechen
5) Beeinflussen

Im Folgenden gehen wir jeden Bereich detaillierter durch, um Ihnen zu helfen, den Kaufprozess aus der Sicht Ihrer Zielkunden zu verstehen. Bedenken Sie, dass dies eher auf Geschäftskunden ausgerichtet ist und Verbraucherkäufer in einigen Bereichen möglicherweise nicht so streng sind, Ihrem Unternehmen jedoch möglicherweise skeptischer gegenüberstehen. Stellen Sie sich das so vor, als ob Sie eine Spam-E-Mail von einem „Verkaufsguru" erhalten. Was denkst du, wenn du das siehst: „Oh, das ist nur ein weiterer Spammer?"

Nachgewiesene Erfahrung.

Die Leute werden wissen wollen, dass Sie ohne Probleme halten können, was Sie versprechen. Sie müssen wissen, dass Sie es schon einmal getan haben. Sie können dies auf verschiedene Arten tun.

- Referenzen
- Fallstudien
- Vertragsreferenzen
- Empfehlungen
- Nutzen Sie Ihre bisherigen Berufserfahrungen, vorzugsweise mit Kontakten, die Sie bereits aus Ihrer bezahlten Beschäftigung kennen.
- Technische Akkreditierungen und Mitgliedschaften

Eine vertrauensvolle Beziehung zu Ihrem Interessenten

Sofern Sie nicht etwas online verkaufen, muss fast immer ein Element des direkten Vertrauens vorhanden sein, bevor ein potenzieller Kunde bei Ihnen kauft.

Selbst bei einem Online-Geschäft möchte ein potenzieller Kunde immer noch mehr über das Unternehmen wissen und sicherstellen, dass es sich um ein registriertes Unternehmen handelt und alle erforderlichen Vertrauenszertifikate und Zertifikate für „sichere Zahlungen" vorhanden sind. Wenn Sie für Ihr Unternehmen eine relevante Online-Plattform wie eBay oder Amazon für Online-Verkäufe finden, wird dies einen großen Beitrag zum Verkauf in der Online-Welt leisten, da Sie im Grunde einen Vertrauensfaktor nutzen, der von Ihnen aufgebaut wurde diese globalen Marken. Dies wird als „geliehener Trust" bezeichnet.

Konzentrieren Sie sich zunächst am besten auf Menschen, die Sie kennen oder vielleicht auf Menschen, die Sie im Laufe Ihrer bisherigen Karriere kennengelernt haben. Sie sollten durch

Ihre frühere Zusammenarbeit, wenn auch indirekt, eine Art Vertrauen zu diesen Menschen aufgebaut haben. Menschen haben eine kurze Gedächtnisspanne, daher müssen Sie sie möglicherweise daran erinnern, wann Sie das letzte Mal mit ihnen oder ihrem Team zu tun hatten.

Pflegen Sie die Beziehung, werden Sie ihr Berater, tun Sie ihnen einen Gefallen und helfen Sie ihnen, ihren eigenen Erfolg zu erzielen. Wenn Sie diesen Kunden Ihr Produkt/Ihre Dienstleistung geliefert haben, fordern Sie sie auf, Ihnen eine ehrliche Bewertung Ihres Geschäftsangebots zu geben. Durch das Einholen dieses Feedbacks erkennen Sie Schwachstellen, auf denen Sie aufbauen können, Sie sehen die Dinge aus der Kundenperspektive, Sie bauen weiterhin eine fürsorgliche Beziehung zu Ihrem Kunden auf und wenn das Feedback gut ist, können Sie es nutzen um Ihr Unternehmen bei anderen Zielkunden bekannt zu machen.

Marken-/Geschäftsbewusstsein

Auch hier kommt es auf Vertrauen an, aber die Marke ist in Wirklichkeit die Erfahrung, die die Leute teilen können: „Ich habe letzte Woche Bizco verwendet, sie waren wirklich günstig" oder „Ich habe meine chemische Reinigung zu Bizco gebracht." Sie haben es gereinigt, gepresst und mir innerhalb von 2 Stunden wieder geliefert." Ihre Marke wird das sein, was die Leute über Sie sagen. Möchten Sie als „der Günstigste", „der Schnellste" oder vielleicht „der Zuverlässigste" bekannt sein? Berücksichtigen Sie dies in jedem Fall bei Ihrem Ansatz.

Wenn Sie Ihr Produkt oder Ihre Dienstleistung „zum billigsten" machen, sich dann aber um einen Job in einer hochtechnologischen, teuren und qualitätsorientierten Branche bewerben, könnten Ihre potenziellen Kunden Sie im Vergleich zu Ihren „qualitätsorientierten" Konkurrenten automatisch als zweitbesten Anbieter einstufen. Ihre Marke basiert auf den Wünschen Ihrer idealen Zielkunden, also bauen Sie sie auf diese auf. Wenn Sie versuchen, „billigste" und „hohe Qualität" zu wählen, wird Ihre Markenbotschaft durcheinander geraten und Sie verlieren beide Kundentypen.

Menschen kaufen beispielsweise Mercedes-Benz-Autos, weil sie Qualität und Raffinesse wollen. Sie müssen das Auto nicht kaufen, um zu wissen, welche Erfahrungen sie machen werden; Sie wissen es, weil die Markenbotschaft es ihnen gesagt hat. Die Markenbotschaft hat den Großteil der Verkaufsarbeit bereits erledigt, bevor der Kunde den Autosalon betritt. Wenn sie andererseits günstig und ohne Schnickschnack von A nach B fahren möchten, gibt es eine Vielzahl von Herstellern, die sich auf dieses Marktsegment konzentrieren. Einige davon haben begonnen, sich als „erschwingliche Qualität" neu zu positionieren.

Ich persönlich finde, dass ihre Botschaft etwas verwirrend ist.

Auf der anderen Seite dieses Abschnitts geht es darum, zu überlegen, wie Sie Ihre Zielgruppe erreichen und sie über Ihr Unternehmen und Ihre Markenbotschaft informieren. Sie können eine brillante, unschlagbare Markenbotschaft haben, aber ohne einen an Ihre Zielgruppe gerichteten Kommunikationskanal ist sie wertlos.

Wenn Sie nicht über sehr große Geldmittel verfügen, wird es lange dauern und viel harte Arbeit erfordern, bis Sie bei Ihrem kaufenden Publikum in den Vordergrund rücken. „Vorderseite" bedeutet, dass Ihre Zielgruppe zuerst an Ihr Unternehmen denkt, wenn sie Ihre Art von Produkten oder Dienstleistungen möchte. Als Beispiel aus dem wirklichen Leben: Wenn Sie eine Online-Auktionsseite wollen, wo denken Sie zuerst darüber nach? Die meisten von uns denken an eBay. Wie wäre es mit einem Online-Buchladen? Amazonas.

Wie wäre es mit Fastfood? McDonalds und KFC. Man muss kein großes globales Unternehmen sein, um im Vordergrund zu stehen. Bieten Sie Ihrem Zielkunden einfach ein Erlebnis, das er nicht so schnell vergisst (hoffentlich auf eine gute Art und Weise). Denken Sie als Beispiel an das Beispiel von Bizco, der örtlichen Textilreinigungsfirma.

Mein Tipp zum Erfolg ist, sich auf ein einzelnes Kundensegment zu konzentrieren. Wenn Sie beispielsweise wissen, dass Ihr Ziel ein beliebiges Unternehmen irgendwo auf der Welt ist, ist das ein extrem großes Marketingbudget, das Sie benötigen. Allein im Vereinigten Königreich gibt es 6 Millionen Unternehmen, von denen rund 98 % Kleinunternehmen (unter 50 Mitarbeiter) sind. Grenzen Sie Ihre Zielgruppe ein. Der erste Schritt besteht darin, Ihren geografischen Standort anzusprechen, vorzugsweise eine einzelne Stadt. Wenn Sie nur eine Stadt abdecken, unterteilen Sie diese in Stadtteile. Der nächste Schritt besteht darin, es weiter nach Branchenkategorien aufzuschlüsseln.

Entscheiden Sie sich für die Branchenkategorie oder das Kundensegment, in dem Sie bereits über die meiste Erfahrung und Anerkennung verfügen, und vorzugsweise für dasjenige, das am profitabelsten ist. Denken Sie daran, dass Sie diesen Kunden Ihre bisherigen Erfahrungen zeigen müssen, sodass einige Branchen- oder Kundensegmenterfahrungen wesentlich dazu beitragen, Vertrauen bei ihnen aufzubauen. Ein Kundensegment im B2C-Bereich könnten die über 50-Jährigen oder vielleicht auch die Schulabgänger sein.

Ideal wäre es, wenn Sie es auf den Bereich eingrenzen können, in dem sich Ihre bestehenden Kunden bereits befinden. Nehmen wir an, Ihr Ziel sind Pharmaunternehmen, die alle in einem bestimmten Gewerbegebiet oder einer bestimmten Zone Ihrer Stadt tätig sind. Wenn Sie sich auf dieses Segment konzentrieren, können Sie Ihre Zeit viel effektiver nutzen, da Sie zwischen den

Besuchen bei Ihren Kunden nicht quer durch die Stadt fahren müssen. Eine Weiterentwicklung hieraus würde lediglich darin bestehen, den Ansatz auf benachbarte Zonen oder Gewerbegebiete zu übertragen.

Wenn Sie als Nächstes wissen, wer Ihr Produkt/Ihre Dienstleistung nach Altersgruppe, Geschlecht oder beruflicher Rolle (oder allen davon) am wahrscheinlichsten kaufen wird, können Sie es ganz gezielt auf genau diese Personen ausrichten. Anstelle einer Zielgruppe von einer Milliarde Menschen haben Sie die Zielgruppe auf nur 30 eingegrenzt. Das hört sich nicht nach viel an, aber diese 30 Personen sind die Gesamtzahl der Käufer in der von Ihnen gewählten Branche. Auf sie kommt es an, denn sie sind die Menschen, die Ihre Angebote kaufen und letztendlich darüber entscheiden, ob Sie ein führender Akteur in dieser Branche werden.

Ich werde mich nicht zu sehr mit der Benennung Ihres Unternehmens oder der Gestaltung Ihres Logos befassen. Es gibt professionelle Designer, die Ihr Logo sehr kostengünstig für Sie erstellen können. Wenn Sie über Ihren Namen nachdenken, sollte dieser auf Ihrem Angebot basieren. Was sind Ihre Markenwerte und wie werden Ihre Kunden über Ihr Unternehmen denken? Schauen Sie sich konkurrierende Unternehmen an, um zu verstehen, was ihr Markenname über sie aussagt.

In dieser Phase ist es auch wichtig zu verstehen, welche Farben verwendet werden sollen. Viele Designexperten werden Ihnen sagen, dass bestimmte Farben für einen Kunden eine bestimmte Bedeutung haben können.

Beispielsweise könnte die Farbe Grün mit umweltbezogenen Produkten oder Dienstleistungen in Zusammenhang stehen. Rot und Blau eignen sich am besten für verschiedene Arten von Dienstleistungsunternehmen. Ein Designer kann Ihnen hier den richtigen Weg weisen, aber wenn Sie sich Ihre Konkurrenten ansehen, werden Sie sehen, was sie bereits tun, und hoffentlich auch einen Einblick in die Gründe erhalten, warum sie es tun. Stellen Sie bei der Gestaltung Ihres Logos sicher, dass es Ihre Grundsätze als Unternehmen widerspiegelt.

Wertversprechen

Das Wertversprechen ist in einfachen Worten das, was Sie dem Kunden anbieten und der Grund, warum er sich für den Kauf entscheidet. Es ist die Lösung für jemandes Problem. Das Wertversprechen hängt fast nie nur vom Preis ab, wenn Sie noch nie einen neuen Interessenten angesprochen haben.

Wenn es nur um den Preis geht, ist die Wahrscheinlichkeit groß, dass Sie Ihr Produkt/Ihre Dienstleistung kostenlos zur Verfügung stellen, nur um einen Fuß in die Tür zu bekommen.

Mein Rat wäre, immer nach etwas anderem zu suchen. Das Bieten auf den günstigsten Preis ist eine gute Strategie, um Kapazitäten in Ihrem Unternehmen aufzubauen, aber irgendwann treffen Sie auf einen Konkurrenten mit größeren Taschen. Wenn Ihr einziges Unterscheidungsmerkmal der Preis ist, wird Ihr Unternehmen zugrunde gehen.

Der günstigste Preis bringt auch eine extrem niedrige Gewinnspanne und damit Cashflow-Probleme mit sich. Wenn Sie Ihr monatliches Gehalt nicht weiterhin in das Unternehmen investieren möchten, ist die Wahrscheinlichkeit groß, dass Ihr Unternehmen nicht lange überleben wird.

Die einfache Möglichkeit besteht normalerweise darin, allein auf den Preis zu setzen, aber eine Warnung an Sie: Ihre Konkurrenten haben bereits Beziehungen, sie sind außerdem viel größer als Sie und haben tiefere Taschen.

Wenn ihnen Ihre Strategie nicht gefällt, wird es für sie ganz einfach sein, ihre Gebote einfach herabzusetzen und so effektiv Geld für diesen Vertrag zu verlieren, nur um Sie aus dem Geschäft zu drängen. Wenn sie über viele Verträge verfügen, können sie auf ein Gebot einen erheblichen Rabatt gewähren, den Verlust jedoch durch einen profitableren Vertrag woanders ausgleichen. Diese Flexibilität hat man als Startup nicht. Die anderen Optionen als Unterscheidungsmerkmale hängen vom Unternehmen, der Branche, Ihren Zielen usw. ab.

Die offensichtlichsten könnten sein:

- Qualität – nur das Beste
- Bild – Denken Sie an Rolex, Gucci und Brioni
- Am schnellsten
- Zuverlässigkeit
- Support – Sind Sie am Neujahrstag verfügbar, wenn Ihre Konkurrenten alle auf Partys sind?

Letztendlich gilt: Je größer die Branche, für die Sie sich entscheiden, desto mehr Akteure wird es geben.

Das bedeutet, dass es für Sie schwieriger wird, Ihr Unternehmen von anderen zu unterscheiden. Als jemand, der in Branchen mit über 100.000 ähnlichen Unternehmen konkurriert, die alle die gleiche Art von Dienstleistungen anbieten, rate ich Ihnen, sich die 20 besten Unternehmen Ihrer Branche anzusehen. Dabei handelt es sich höchstwahrscheinlich um Global Player.

Sehen Sie sich an, was diese Unternehmen tun, und prüfen Sie, ob Sie etwas finden, was Ihre lokalen Konkurrenten nicht tun. Sehen Sie, ob es etwas gibt, das Sie verbessern können, aber nutzen Sie dies im Allgemeinen als Sprungbrett. Die Top 20 gibt es im Allgemeinen aus einem bestimmten Grund, und es braucht mehr als nur Geld, um dorthin zu gelangen.

Beeinflussen

Der beste Weg, einen Interessenten zu gewinnen, besteht darin, jemand anderen die Hälfte der Arbeit für Sie erledigen zu lassen. Wenn Sie jemanden an Ihrer Seite haben, ist es viel einfacher, neue Aufträge zu gewinnen. Wir reden hier nicht über Korruption; Das ist illegal und ich würde das niemals empfehlen.

Alles, was ich Ihnen in diesem Buch erzähle, basiert auf guter Ethik. Ihnen zu sagen, dass Sie etwas Illegales tun sollen, wäre für mich moralisch und ethisch falsch und würde auch meinem Ruf in der Geschäftswelt schaden.

Der einzige Weg, einen Insider zu haben, besteht darin, Ihrem Kunden von Anfang an ein gutes Erlebnis zu bieten. Schauen wir uns ein Beispiel an. Nehmen wir an, Ihr Unternehmen bietet umweltfreundliche Reinigungsprodukte an. Ihr Käufer wird wahrscheinlich ein Facility Manager, ein

Reinigungsmanager oder vielleicht sogar ein professioneller Einkäufer sein, wenn Ihr Kunde groß genug ist. In diesem Fall sollten Sie sich an die für das Umweltmanagement zuständige Person wenden.

Es liegt in der Verantwortung dieser Personen, die Umweltpraktiken des Unternehmens zu verbessern. Wenn Ihre Dienstleistung oder Ihr Produkt ihnen dabei helfen kann, genau das zu erreichen, wird sich jemand für Sie einsetzen.

In kleineren Zielunternehmen oder bei B2C-Transaktionen (Business to Consumer) wäre es dasselbe, als ob ein früherer Kunde Sie seinen Freunden weiterempfehlen würde. Schauen Sie sich Ihr Angebot genau an, um zu verstehen, wer indirekt vom Angebot Ihres Unternehmens profitieren könnte.

Die Finanzen

Okay, jetzt kommen wir zu dem etwas langweiligen, aber notwendigen Teil, um die Dinge in Ordnung zu halten und Sie auf der richtigen Seite des Justizsystems zu halten.

Bis jetzt;

- Sie haben Ihre Stärken erkannt
- Sie haben Ihre Zielkunden identifiziert
- Sie haben geplant, wie Sie Ihre Zielkunden erreichen
- Idealerweise haben Sie die Namen einiger Zielkontakte aufgelistet und hoffentlich auch

mit ihnen gesprochen, um Feedback zu erhalten

Als Nächstes möchten Sie bei Ihrer ersten Geschäftsidee vielleicht eine schnelle Cashflow-Prognose erstellen, um zu sehen, wie viel Geld Sie jetzt und zu welchem Zeitpunkt in der Zukunft benötigen. Da Sie noch nichts unternommen haben, wird es im Moment sehr schwierig sein, konkrete Zahlen zu generieren, es handelt sich also nur um eine hoffnungsvolle Schätzung. Wenn Sie darüber nachdenken, wird Ihnen klar, wie wichtig es ist, so schnell wie möglich Gewinne zu erzielen und bei allem, was Sie tun, stets den Gewinn im Auge zu behalten.

Die Chancen stehen gut, dass Sie etwa 5 % der Kunden gewinnen, die Sie erwarten, und Ihre Ausgaben werden mindestens doppelt so hoch sein, wie Sie schätzen. Das Wichtigste ist jetzt, die Dinge so günstig wie möglich zu machen. Nur weil Sie Geld auf der Bank haben, heißt das nicht, dass Sie eine Reinigungskraft bezahlen müssen, die Ihr Gästezimmer/Büro für Sie reinigt.

Ich kenne so viele Start-up-Unternehmen, die die Hälfte ihrer Ersparnisse für ein neues Auto ausgegeben haben, nur weil sie denken, dass es das ist, was Menschen in ihrer Position tun sollen. Sie könnten nicht falscher liegen.

Die wichtigsten Punkte bei der Erstellung einer Cashflow-Prognose sind die Verwendung eines Kalenderformats, entweder auf wöchentlicher oder monatlicher Basis, und die Darstellung der folgenden Posten für jeden Monat, je nachdem, wie Sie sie erhalten oder wie Sie sie auszahlen . Hier erfahren Sie, ob in einem bestimmten Monat ein Gelddefizit vorliegt.

Eine Cashflow-Prognose umfasst Folgendes:

- Verkäufe in das Geschäft
- Alle anderen Einkünfte des Unternehmens

- Alle Kosten für das Unternehmen
- Das Timing jeder Ein- und Ausgabe

Unterteilen Sie Ihre Kosten in Anwaltskosten, Finanzierungskosten, Personalkosten, Marketingkosten, Lagerkosten, Betriebskosten, Immobilienkosten und Ausgaben, die Ihnen im Laufe der Geschäftstätigkeit in diesem bestimmten Monat entstehen könnten. Wenn Sie über diese Zahlen verfügen, addieren Sie eine Eventualverbindlichkeit von 20 % zu Ihren Kosten, die alle unvorhergesehenen Posten einschließt. Es ist außerdem ratsam, Ihre Umsatzerwartungen um 20 % zu reduzieren, was Ihnen etwas Luft verschaffen sollte, falls die Verkäufe nicht rechtzeitig zustande kommen oder Sie mit der Zahlung Ihrer Kunden in Verzug geraten.

Wählen Sie eine rechtliche Struktur

Je nachdem, wo auf der Welt Sie sich befinden, haben Sie unterschiedliche Namen für die verschiedenen rechtlichen Strukturen, die für die Gründung Ihres Unternehmens zur Verfügung stehen. Die meisten entwickelten Länder weisen eine ähnliche Struktur auf. Diese lauten wie folgt:

1) Einzelunternehmer

2) Partnerschaft

3) Begrenzt durch Aktien

4) Begrenzt durch Garantie

5) Sozialunternehmen oder Wohltätigkeitsorganisation

Einzelunternehmer

Dies ist die grundlegendste rechtliche Regelung. Abhängig von Ihren Steuergesetzen ist es wahrscheinlich die steuereffizienteste Methode, bis zu dem Punkt, den eine einzelne Person jedes Jahr mit einem guten Gehalt verdienen könnte. Allerdings bietet es nur sehr geringen Rechtsschutz.

Wenn Ihr Unternehmen in Konkurs geht, bedeutet das im Grunde, dass Sie auch persönlich in Konkurs gehen, es sei denn, Sie verfügen über persönliche Ersparnisse, die etwaige Verbindlichkeiten im Unternehmen abdecken können. Wenn jemand rechtliche Schritte gegen Ihr Unternehmen einleitet, ist es letztendlich Ihr Privatleben (einschließlich Ihres Ehepartners), das die Konsequenzen tragen muss.

Partnerschaft

Meiner Meinung nach ist die Partnerschaft die schlechteste Rechtsform. In dieser Struktur ist es im Grunde dasselbe, als würde man mehrere Einzelunternehmer zusammenfassen, aber ihre individuellen Rechte aufheben.

Als Partner haften Sie gesamtschuldnerisch für alles, was Ihre Mitpartner im Unternehmen tun, haben aber rechtlich keine Kontrolle über diese anderen Partner. Ebenso haben sie auch keine Kontrolle über Ihre Handlungen. Jeder muss mit den Konsequenzen der von jedem Partner im Unternehmen ergriffenen Maßnahmen konfrontiert werden.

Im Gegensatz zum Einzelunternehmer haben Sie eine geringere Steuereffizienz, da Sie alle der Zahlungsstruktur faktisch zustimmen. Das bedeutet, dass Sie, anders als ein Einzelunternehmer, Ihre Steuerfreibeträge nicht aufgrund der Entscheidung einer anderen Person maximieren können. Sollte das Unternehmen in

Konkurs gehen oder rechtliche Schritte gegen das Unternehmen eingeleitet werden, wird jeder Gesellschafter persönlich und finanziell haftbar gemacht.

Begrenzt durch Aktien

Meiner Meinung nach ist dies die beste Option für den Rechtsschutz und kann, wenn das Unternehmen groß genug ist, auch für die Steuereffizienz wesentlich besser sein.

Die Kosten für die Einrichtung sind höher als bei anderen Arten von rechtlichen Einrichtungen und die Prüfungsberichterstattung ist streng. Wenn Sie Ihre Steuererklärung nicht rechtzeitig einreichen, drohen Ihnen hohe Bußgelder und wiederholtes Verspäten kann dazu führen, dass das Unternehmen gerichtlich geschlossen wird. Im Extremfall kann dies zu einer Gefängnisstrafe für die Geschäftsführer des Unternehmens führen.

Diese Option ist für die Außenwelt viel transparenter, was sowohl als gut als auch als schlecht angesehen werden kann. Langfristig gesehen erleichtert es aber auch die Gewinnung von Investoren und den späteren Verkauf Ihres Unternehmens erheblich. Es kann auch nach außen professioneller wirken.

Wenn das Unternehmen pleite geht, verlieren Sie nur das, was Sie investiert haben. In einigen Ländern werden Sie, zusammen mit allen anderen Geschäftsführern, persönlich für Ihre Handlungen haftbar gemacht, wenn Sie fahrlässig oder rechtswidrig gehandelt haben.

In manchen Fällen müssen Sie als Aktionär möglicherweise auch eine persönliche Bürgschaft für Schulden abgeben, die normalerweise von Investoren, Banken und anderen Finanzgebern des Unternehmens verlangt wird.

Begrenzt durch Garantie

In den meisten Ländern steht diese Struktur den meisten normalen Geschäftstypen nicht zur Verfügung. Ähnlich wie bei der Aktienstruktur beschränkt sich Ihre Haftung nur auf die von Ihnen abgegebene Garantie. Es gibt keine Aktionäre.

Wir gehen nicht weiter auf diesen Typ ein, da er in seinem Aufbau viel komplexer und für die Mehrheit der Menschen nicht ohne weiteres zugänglich ist.

Sozialunternehmen oder Wohltätigkeitsorganisation

Sofern Sie nicht beabsichtigen, etwas zu tun, um Ihre Gemeinschaft zu verändern, oder vielleicht einen wohltätigen Zweck durch eine

Geschäftsmodellperspektive unterstützen, ist dies wahrscheinlich nicht das richtige Modell für Sie.

Ein Sozialunternehmen wird von einem Managementteam geleitet und von Treuhändern überwacht. Ein Sozialunternehmen erwirtschaftet keinen Gewinn; Es wird zum Wohle seiner Mitglieder oder für die von ihm unterstützte Sache geführt.

Hier ist ein Beispiel für eine solche Rechtsform: Es gab ein Sozialunternehmen, das von der lokalen Regierung gegründet wurde, um neuen Start-up-Unternehmen in ländlichen Gebieten Inkubator-Büroräume zur Verfügung zu stellen. Die Startups mieteten Büroräume zu vergünstigten Konditionen und erhielten vom Sozialunternehmen administrative Unterstützung im Backoffice (Drucken und Kopieren, Anrufbeantwortung usw.).

Sämtliche Erlöse aus dem Sozialunternehmen flossen zurück in das Unternehmen und dienten dazu, das Geschäft in benachbarte Gebiete weiter auszubauen und andere Geschäftsleute zu erreichen. Sie leisteten auch zusätzliche Unterstützung wie Startup-Schulungen und rechtliche Unterstützung.

Gründung des Unternehmens

Anmeldung des Gewerbes zur Besteuerung

Der nächste Schritt besteht darin, sich beim Finanzamt Ihrer Regierung als Unternehmen anzumelden. Ihre Unternehmensform (Einzelunternehmer, Personengesellschaft, GmbH usw.) bestimmt, wofür Sie sich anmelden müssen. Bei Einzelunternehmern und Personengesellschaften melden Sie sich lediglich für die Einkommensteuer und möglicherweise die

Mehrwertsteuer (Umsatzsteuer) oder die Ausfuhrsteuer an.

Mit der Aktienbeschränkungsoption müssen Sie sich neben der Umsatzsteuer und der Exportsteuer auch für die Körperschaftssteuer anmelden. Je nach der Unterstützungsstruktur Ihrer Regierung für Unternehmen können Sie sich möglicherweise für zusätzliche Steuern anmelden. Diese werden Ihnen jedoch bei der Registrierung angezeigt.

Sie können die Registrierung Ihres Unternehmens über einen Registrierungsagenten vornehmen oder die Registrierung selbst vornehmen. Es dauert nicht lange, es selbst zu erledigen, wahrscheinlich weniger als eine Stunde, aber es spart Ausgaben, die sich später als nützlich erweisen könnten. Wenn Sie es selbst versuchen, es aber zu schwierig finden, können Sie einen Registrierungsagenten finden, der es für Sie erledigt.

Um Ihr staatliches Finanzamt zu finden, können Sie Google oder eine andere Online-Suchmaschine verwenden und nach „Inlandeinnahmen" + „Ihr Land" suchen. Im Vereinigten Königreich ist das Finanzamt HMRC und in den USA das IRS.

Alle Länder aufzulisten wäre zwar erschöpfend, aber ich denke, dass es mit den Informationen in diesem Abschnitt nicht allzu schwierig sein wird, die Details zu finden, die Sie für Ihr eigenes Land benötigen.

Handelslizenzen oder Akkreditierungen

Abhängig von Ihren geschäftlichen Dienstleistungen/Produkten müssen Sie sich möglicherweise für eine Handelslizenz oder bestimmte Akkreditierungen registrieren. Dies gilt für Verbraucherkreditlizenzen, einige Akkreditierungen für technische Dienstleistungen, medizinische oder Gesundheitsdienstleistungen und alles, was mit der Finanzdienstleistungsbranche zu tun hat. Finden Sie heraus, ob Ihre Branche von einer

Berufsorganisation reguliert oder kontrolliert wird, falls Sie es noch nicht wissen.

Ohne diese Lizenzen oder Akkreditierungen verstoßen Sie gegen das Gesetz und landen unabhängig von Ihrer Rechtsform im Gefängnis und/oder müssen eine hohe Geldstrafe zahlen.

Es ist auch wichtig zu verstehen, dass Sie sich für Lizenzen in jedem Staat, jeder Region oder jedem Land registrieren müssen, in dem Sie geschäftlich tätig sein möchten, es sei denn, es ist möglich, Ihr Produkt oder Ihre Dienstleistung an diesen Ort zu exportieren. Wenn Sie sich für den Export entscheiden, ist es wichtig, sich darüber im Klaren zu sein, dass Ihr geliefertes Produkt/Ihre gelieferte Dienstleistung dennoch lokale Kriterien für Standards, Sicherheit und Qualität erfüllen muss. Die Zusammenarbeit mit einem guten Exportagenten kann Ihnen dabei helfen, diesen Prozess korrekt durchzuführen.

Bankkonto

Besorgen Sie sich ein separates Geschäftskonto. Es ist so wichtig, dass Sie Ihre geschäftlichen und persönlichen Finanzen getrennt halten. Es könnte verlockend sein zu denken: „Das ist mein Geld, also gebe ich es für diese neuen Schuhe aus", aber in Wirklichkeit ist es nicht mehr Ihr Geld. Wenn Sie es für geschäftliche Zwecke verwenden, wird es Teil des Geschäftsvermögens und der Bilanz. Wenn Sie es also für den persönlichen Gebrauch entfernen, werden Sie nicht nur mit höheren persönlichen Steuern, sondern möglicherweise auch mit strafrechtlichen Konsequenzen konfrontiert.

Einhaltung

Als Nächstes müssen Sie die lokalen Gesetze Ihrer Regierung einhalten. Wir gehen davon aus, dass Sie noch nicht für Geschäftsräume geeignet sind, und decken für die meisten Unternehmen die grundlegenden Bereiche ab. Wenn Sie

Räumlichkeiten in diesen Mix einbeziehen, müssen Sie mehr als 300 zusätzliche Gesetze in Bezug auf Immobilien berücksichtigen. Ich werde diesen Bereich später in einem viel spezielleren Buch behandeln.

Zunächst konzentrieren wir uns auf die Hauptbereiche:

1. Versicherung
- Haftpflichtversicherung
- Inventar-/Lagerversicherung
- Pflanzenversicherung
- Gebäudeversicherung
- Haftpflichtversicherung
- Kfz-Versicherung
- Lebensversicherung
- Unfallversicherung
- Krankenversicherung

Gegen eine sehr geringe monatliche Gebühr sind Sie für alle Eventualitäten abgesichert. Ohne sie könnten Sie den Rest Ihres Lebens in einer Gefängniszelle verbringen, falls etwas schief gehen sollte.

2. Gesundheit, Sicherheit und Wohlergehen
- Dokument zu Gesundheits- und Sicherheitsrichtlinien und -verfahren
- Risikobewertungen
- Methodische Aussage
- Manuelle Handhabungsbewertungen
- Verfügen Sie über geeignete Sozialeinrichtungen? (WC, Kochen, Pause, Waschen usw.)

Ein guter Gesundheits- und Sicherheitsberater kann Ihnen dabei helfen.

3. Anstellung

Die Chancen stehen gut, dass Sie im Moment noch nicht bereit für Mitarbeiter sind, aber wenn Sie ein Unternehmen gekauft haben, wird es wahrscheinlich bereits Mitarbeiter haben. Beauftragen Sie einen Personalberater, um sicherzustellen, dass alles in Ordnung ist und dass alles ordnungsgemäß und legal ist.

Das Arbeitsrecht ist ein sehr kompliziertes und kniffliges Thema, und die Gesetze können von einem Staat, einer Region oder einem Land zum anderen unterschiedlich sein, oft mit Widersprüchen zwischen den einzelnen, daher werde ich hier nicht versuchen, sie zu erklären. Ich würde jedoch sagen, dass Sie im Rahmen Ihrer Geschäftsreise und wenn Sie vorhaben, Mitarbeiter zu beschäftigen, sich unbedingt mit dem Arbeitsrecht in Ihrem eigenen geografischen Gebiet oder überall dort vertraut machen, wo Sie Mitarbeiter in Ihrem Unternehmen einsetzen möchten. Dieses Wissen sollte Themen wie Einstellung, Diskriminierung und Disziplin umfassen.

Nutzen Sie einen Berater, um Ihre Führungskräfte in diesen Bereichen zu schulen, während Sie Ihr Unternehmen ausbauen.

Wir haben den langweiligen Teil erledigt. Wenn Sie noch wach sind, machen wir uns daran, etwas Geld für Ihr Unternehmen zu verdienen.

Servicebereitstellung

Bis jetzt:

- Sie haben Ihre Stärken erkannt
- Sie haben Ihre Zielkunden identifiziert
- Sie haben Ihren Ansatz geplant
- Sie haben Ihr Unternehmen als juristische Person gegründet

Jetzt ist es an der Zeit, diesen Geschäftsprozess zu starten.

Das Ziel dieses Abschnitts besteht darin, dass Sie Ihr Produkt/Ihre Dienstleistung in relativ kleinen Mengen verkaufen und liefern.

Für das folgende Prozessbeispiel gehen wir davon aus, dass Ihr Unternehmen ein traditionelles Dienstleistungsunternehmen ist, in dem Sie einen mobilen Dienst anbieten.

Die Schritte zur Betreuung Ihrer Kunden:

1. Finden Sie einen motivierten Kunden
2. Machen Sie den Verkauf
3. Den Vertrag unterschreiben
4. Liefern Sie das Produkt oder die Dienstleistung
5. Rechnung für das Produkt oder die Dienstleistung

Bevor wir darauf eingehen, möchte ich eines sagen. Gründen Sie Ihr Unternehmen nicht und zahlen Sie nicht für Marketing, Logos, Websites, Visitenkarten usw., bis Sie einen Kunden haben, der bereit ist, Ihnen Geld für das zu zahlen, was Sie anbieten.

So viele Menschen denken sich Lösungen für ein Problem aus, das nicht existiert, geben dann Tausende für die Erstellung von Websites und allen möglichen anderen Mist aus, ohne jemals einen Kunden zu haben. Erst im Gespräch mit potenziellen Kunden stellen sie fest, dass das Problem gar nicht erst bestand.

Finden Sie einen motivierten Kunden

Dies ist wirklich die Phase, in der Sie beweisen, dass es für das, was Sie anbieten, einen Markt gibt. Diese Zielkunden müssen wir zunächst noch einmal identifizieren. Wir beginnen mit Ihren bisherigen Kontakten, allen Personen, mit denen Sie in Kontakt gekommen sind und die zu der Art von Käufer passen, von dem Sie glauben, dass er an Ihrem Produkt oder Ihrer Dienstleistung interessiert ist UND sich diese leisten kann. Dies ist der einfachste und effektivste Weg.

Zunächst möchten wir wieder Kontakt zu ihnen aufnehmen und die alte Beziehung zu ihnen wieder aufbauen. Wir freunden uns nicht mit Menschen an, indem wir am ersten Tag hart verkaufen.

Gehen Sie zu ihrem Geschäftssitz und sprechen Sie mit ihnen. Verkaufen Sie nicht an sie. Erzählen Sie ihnen von Ihren Plänen. Sagen Sie ihnen, dass Sie darüber nachdenken, ein Unternehmen zu gründen, um Produkte oder Dienstleistungen von XYZ anzubieten. Holen Sie sich ihr Feedback. Holen Sie sie mit ins Boot, aber was noch wichtiger ist: Informieren Sie sich über ihre aktuellen Probleme, denn das könnte Ihnen durchaus eine bessere Gelegenheit bieten, mit ihnen zusammenzuarbeiten.

Wenn sie an dem, worüber Sie sprechen, interessiert zu sein scheinen, lohnt es sich, sie zu diesem Zeitpunkt zu fragen, bevor Sie fortfahren: „Wenn ich mich entscheide, dieses Unternehmen zu gründen, wären Sie daran interessiert, es zu kaufen?" und ob sie das sagen Ja, bitten Sie um eine Art Engagement. Wenn Sie zu diesem Zeitpunkt eine unterschriebene Bestellung erhalten, erhalten Sie eine Bestätigung Ihres Angebots.

Gehen Sie Ihre identifizierten Ziele so lange durch, bis Sie jemanden finden, der Sie zum Bieten einlädt. An diesem Punkt werden sie wahrscheinlich Ihre Leistung testen und sehen, wo Ihre Preise im Vergleich zu denen der anderen Anbieter stehen. Seien Sie also nicht zu enttäuscht, wenn der Lead nirgendwohin führt.

Bleiben Sie einfach professionell, verfolgen Sie die Ausschreibung weiter und holen Sie, wenn möglich, Feedback ein. Je mehr Feedback Sie in dieser Phase erhalten, desto besser können Sie sich bei zukünftigen Ausschreibungen positionieren.

Überlegen Sie, wo Ihre Zielgruppe Sie sehen könnte. Nehmen wir zum Beispiel an, ich versuche,

Leute zu erreichen, die Pferde besitzen. Diese Menschen müssen während der Pflege ihres Pferdes bei einer Reihe von Menschen einkaufen oder mit ihnen zusammenarbeiten. Ich kann mir vorstellen, dass sie Dinge wie Pflegeausrüstung, Futter, Heu usw. wahrscheinlich bei einem Lebensmittelhändler und anderen Stalllieferanten kaufen.

Stellen wir uns also vor, dass sie alle einmal im Monat zu diesen Händlern fahren, um Vorräte einzukaufen. Eine Möglichkeit, diesen Zielkunden zu erreichen, könnte für mich darin bestehen, eine Partnerschaft mit dem Händler einzugehen, wodurch ich mein Produkt oder meine Dienstleistung neben seinem Geschäft bewerben kann. Wenn es relevant ist, könnte ich vielleicht etwas Ähnliches mit den örtlichen Tierärzten machen, wenn es um die Gesundheitsversorgung geht.

Ich kann mir vorstellen, dass diese Art von Kunden auch regelmäßig Zeitschriftenartikel über Pferde,

Pferdeveranstaltungen und allgemeine Tierpflege liest. Daher könnte das Schreiben eines Artikels über Ihr Produkt und dessen Veröffentlichung in der Zeitschrift potenzielle Kunden anziehen. Dann schaue ich mir vielleicht Pferdeveranstaltungen an, die in dem Gebiet stattfinden, in dem ich tätig sein kann.

Bei Veranstaltungen wie dem Springreiten wird es wahrscheinlich eine große Anzahl an Zielkunden anlocken und diese alle auf einem sehr kompakten Gebiet zusammenfassen. Wenn ich also mein Produkt oder meine Dienstleistung ausstelle oder positioniere, vielleicht als kostenlose Testversion, kann ich dort möglicherweise einige langfristige Kunden gewinnen. Der andere Vorteil dieses Weges besteht darin, dass Sie durch das persönliche Gespräch mit ihnen eine tiefere Verbindung zu ihnen aufbauen und durch die Präsentation Ihres Produkts ihr Vertrauen gewinnen.

Eine andere Möglichkeit besteht darin, einen Branchenverband oder ein Branchenverzeichnis in Betracht zu ziehen. Wenn ein Käufer nach einer bestimmten Art von Produkt oder Dienstleistung sucht, aber noch keinen Lieferanten im Auge hat, wendet er sich oft an den Handelsverband für diese Art von Produkt oder Dienstleistung, um zu sehen, ob dort Unternehmen gelistet sind ihnen. Auch hier wird Glaubwürdigkeit und ein Teil des geliehenen Vertrauens aufgebaut. Wenn Sie beim Berufsverband registriert sind, bedeutet dies normalerweise, dass Sie für das, was Sie anbieten, qualifiziert sind.

Ich denke, der wichtige Punkt, den es hier zu beachten gilt, besteht einfach darin, den Kaufprozess Ihrer Zielkunden zu verstehen. Wie kaufen sie bei Lieferanten ein? Dann steigen Sie einfach auf die für sie bequemste Art und Weise in den Prozess ein.

Machen Sie den Verkauf

Lassen Sie Ihren Kunden nicht 1000 Hürden überwinden, um bei Ihnen einzukaufen. Ich sehe so viele Unternehmen, normalerweise solche, die stark technisch oder von Natur aus bürokratisch sind und einem Kunden, der bei ihnen kauft, so viele Hürden in den Weg legen. Sie müssen „Schecks" durchgehen.

Fragen Sie sie, warum sie diese Schritte oder Checklisten durchlaufen, und sie werden Ihnen sagen, dass es in der Branche so praktiziert wird. Nur weil etwas schon immer so gemacht wurde, heißt das noch lange nicht, warum es auch weiterhin so gemacht werden muss.

Ein Beispiel hierfür ist, dass ein Unternehmen die Kontoauszüge, einen Ausweis usw. eines Kunden einsehen möchte, bevor es ihn als Kunde anmeldet. Das ist alles schön und gut und ein Prozess, der durchgeführt werden muss, damit das Unternehmen beispielsweise die Geldwäschevorschriften einhalten kann. Aber der Kunde hat dem Kauf bei Ihnen noch nicht einmal zugestimmt.

Was ist falsch daran, als Teil der Dienstleistung, die Sie anbieten, den Vertrag unterschreiben zu lassen, dann die Zahlung zu erhalten und dann die Checklisten auszufüllen?

Oft werden diese „Regeln" von Menschen aufgestellt, die in abgedunkelten Räumen sitzen, nie mit jemandem sprechen und keine Ahnung vom Geschäft oder der Psychologie dahinter haben.

Wenn es Regeln gibt, die befolgt werden müssen, müssen dann alle 18.437 Kontrollkästchen aktiviert werden, bevor die Bestellung aufgegeben wird, oder kann man bis zum Tag nach der Unterzeichnung der Verträge warten? Meine Vermutung ist Letzteres.

Sprechen Sie ihre Sprache

Kunden wissen nicht, was ein *„Kleines Kettenrad mit Linksgewinde"* ist, und sie müssen es auch nicht wissen. Sie kaufen das „WAS", nicht das „WIE es funktioniert".

Mit ihnen in Fachjargon zu sprechen, wird sie entweder in den Schlaf versetzen oder die Beziehung zu ihnen zerstören, die für den Abschluss eines Verkaufs so wichtig ist. Stellen Sie sich vor, jemand käme zu Besuch und würde dann einfach anfangen, in einer Fremdsprache zu sprechen. Du würdest sie doch mit ausdruckslosem Gesicht ansehen, nicht wahr?

Auch wenn Sie vielleicht denken, dass ein Kunde versteht, wovon Sie sprechen, ist das nicht der Fall.

Wenn Sie Fachjargon wirklich erklären müssen, erklären Sie ihn auf die gleiche Weise, wie Sie es einem fünfjährigen Kind tun würden. Andernfalls sagen Sie ihnen einfach, dass Sie ihr Problem lösen werden. Das ist alles, woran sie wirklich interessiert sind.

Wenn Ihr potenzieller Kunde ein Bedürfnis hat, wird er aus Neugier zu Ihnen kommen. Wenn dieser potenzielle Kunde keinen Bedarf hat, setzen Sie sich mit ihm in anderen Treffen in Ihrer Nähe in Verbindung. Schließlich müssen wir nicht jeden Tag der Woche Reinigungsprodukte kaufen. Nur weil ein Verkäufer in Ihrem Büro angekommen ist, heißt das nicht, dass wir unseren Einkaufsprozess an ihn anpassen.

Ich schätze, dass Sie eine potenzielle Liste mit etwa 100 motivierten Zielgruppen benötigen und bis zu sechs Monate brauchen, um diese Zielgruppen zu fördern, bevor Sie aufgefordert werden, mit dem Bieten für deren Unternehmen zu beginnen. Ich sage 100, weil es nur etwa 4 % gibt, die genau in dem Moment, in dem Sie sie kontaktieren, einen Wunsch verspüren.

Damit haben wir hier zwei wesentliche Erfolgsfaktoren.

I. Machen Sie sich bei diesen motivierten Käufern bemerkbar,

Und

II. Planen Sie Ihre Vorgehensweise genau auf den Zeitpunkt, zu dem Ihr Unternehmen benötigt wird. Von diesen 4 % werden Sie einfach übersehen, wenn Sie ein unbekannter Anbieter sind. Es braucht Zeit, um Ihr Ziel in den Vordergrund zu rücken. Einige Marketingexperten haben Untersuchungen durchgeführt, die darauf hindeuten, dass tatsächlich sechs Kommunikationen mit einer Zielgruppe erforderlich sind, bevor sie Sie tatsächlich als Anbieter erkennt. Nehmen Sie diese Tatsache nicht zu persönlich, es ist einfach die Funktionsweise unseres Geistes. Denken Sie an das letzte Mal, als Ihnen jemand eine E-Mail geschickt hat. Bei den ersten Malen dachten Sie wahrscheinlich, es handele sich um Spam, aber bei der dritten Kommunikation haben Sie vielleicht Interesse an der Betreffzeile geweckt. Beim vierten Mal waren Sie zu beschäftigt, um es zu bemerken, beim fünften Mal fragten Sie Ihren Kollegen, ob er schon einmal von dem Mailer gehört habe, vergaßen es dann aber. Beim sechsten Mal dachten Sie: „Oh ja, ich erinnere mich an ihn, ich werde um weitere Informationen bitten", und das nur, wenn Sie Interesse an dem haben, was er bietet. Ich gehe nur davon aus, dass dies die Schritte sind, die sich in den von den Fachleuten durchgeführten Umfragen ergeben.

Erinnern Sie sich an die Zeit der Pre-E-Mails: Vielleicht haben Sie ihnen sechs Kataloge geschickt, bevor sie begonnen haben, sich

Ihre Produkte anzuschauen. Vielleicht war es dann viel höher, oder vielleicht war es viel niedriger? Es hängt wahrscheinlich davon ab, was Sie anbieten und wie gefragt es bei Ihrem Kundensegment ist.

Ein motiviertes Ziel ist nicht nur ein Firmenname. Ein motiviertes Ziel ist der Name eines Käufers, seine Kontaktdaten und so viele Informationen über ihn, wie Ihnen beim Aufbau einer Beziehung helfen könnten. Es gibt viele Unternehmen, die versuchen, Ihnen Lead-Listen für sogenannte motivierte Käufer zu verkaufen.

Nachdem ich diesen Weg in der Vergangenheit selbst getestet habe, können Sie ihn in zwei Kategorien einteilen: Erstens erhalten Sie Listen mit nur einem Firmennamen, einer Telefonnummer und möglicherweise einer zentralen E-Mail-Adresse, z. B. „info@".

In der zweiten Quelle werden die leitenden Direktoren aufgelistet, und gelegentlich erhalten Sie sogar eine direkte E-Mail-Adresse für sie. Okay, das sind Ihrer Meinung nach die wertvollsten, und Sie werden wahrscheinlich mehr als ein paar Euro ausgeben, um ein Exemplar zu bekommen, aber bedeutet das, dass der Vizepräsident oder CEO Ihr Produkt oder Ihre Dienstleistung kaufen möchte? Nein! Ihre E-Mail oder Ihr Brief landet direkt im Spam-Ordner und Sie werden nie wieder etwas von ihnen hören.

Der Grund dafür ist, dass diese Leute erstens nicht mit Lieferanten zu tun haben und zweitens wahrscheinlich jeden Tag Hunderte ähnlicher Mailings von Leuten erhalten, die sie noch nie getroffen haben und die sie wahrscheinlich auch nie treffen möchten. Sie haben also einfach Ihr Geld verschwendet.

Nur weil Sie die Namen von 1000 Personen auf einer Liste vor sich haben, heißt das nicht, dass diese bei Ihnen kaufen möchten. Der einzige wirkliche Erstkontakt, der zum Kauf motiviert, ist derjenige, der Sie kontaktiert hat. Denken Sie nicht anders – es könnte sehr teuer werden!

Wenn Sie schließlich die Angebotsphase erreichen, müssen Sie einige Schlüsselbereiche richtig machen:

- Finden Sie genau heraus, was der Kunde will
- Verkaufen Sie ihnen genau das Produkt/die Dienstleistung

- Nur weil Ihr Unternehmen etwas liefern kann, das für Sie profitabler ist, hat dieser Kunde nicht danach gefragt. Versuchen Sie nicht, es zu verkaufen. Stellen Sie es später vor, wenn Sie deren Bedürfnisse und Kaufgewohnheiten verstanden haben.
- Präsentieren Sie die Vorteile, nicht die Funktionen. Es ist mir egal, ob die Reinigungsflüssigkeit „neu und verbessert" ist, ich bin ein Käufer. Erklären Sie mir also, welchen Nutzen das für mich hat?

Den Vertrag unterschreiben.

Größere Unternehmen haben Kaufverträge, wenn nicht, lassen Sie sich Ihre eigene Vertragsvereinbarung und Geschäftsbedingungen aufschreiben. Es fallen geringe Vorabkosten an, die Sie später als Vorlage verwenden können.
Außerdem sehen Sie dadurch professioneller und organisierter aus und bleiben gleichzeitig rechtlich geschützt. Wenn Sie in einer großen Branche arbeiten, ist die Wahrscheinlichkeit groß, dass 50 % Ihrer Konkurrenten dies nicht tun. Möchten Sie in den Augen Ihrer Kunden professioneller wirken als sie?

Der einfachste Weg, dies zu erreichen, besteht darin, sich entweder an einen Anwalt zu wenden, der sich auf Startup-Unternehmen spezialisiert hat, oder manchmal, wenn Sie sich an die örtliche Handelskammer oder andere Unternehmensmitgliedergruppen wie diese wenden, dort gibt es Startup-Pakete, die die verschiedenen rechtlichen Vorlagen enthalten Sie benötigen möglicherweise für Ihr Unternehmen, und sie sind oft sehr kostengünstig.

Liefern Sie das Produkt oder die Dienstleistung.

- Bestätigen Sie, was sie wollen
- Liefern Sie genau das, was sie wollen
- Liefern Sie genau dann, wenn sie es wollen
- Liefern Sie genau dorthin, wo sie wollen
- Liefern Sie es mit Sorgfalt und Qualität
- Geben Sie dem Kunden das Gefühl, dass er Ihnen am Herzen liegt

Es ist kein Hexenwerk, aber viele kleine Unternehmen vergessen mindestens einen dieser Punkte und fragen sich dann, warum ihr Kunde stattdessen zum großen bundesweiten Anbieter gegangen ist. Das liegt daran, dass sie jedes Mal konstant waren.

Wenn Ihnen ein Kunde mitteilt, dass er eine neue Heizungsanlage in seinem Haus haben möchte, dann deshalb, weil er eine funktionierende Heizungsanlage GESTERN haben möchte. Ich habe so viele Unternehmen gesehen, die einen Service anbieten, aber es scheint einfach ewig zu dauern, ihn zu liefern.

Da ich selbst einige sehr große siebenstellige Verträge abgeschlossen habe, ist das Timing wahrscheinlich der wichtigste Faktor, wenn man diese Vertragshöhe erreicht. Wenn Sie nicht zum vereinbarten Zeitpunkt erscheinen oder liefern können, was der Kunde wünscht, tut es mir leid, aber das ist einfach unprofessionell und Sie sollten kein Unternehmen leiten. Die Welt wäre ein besserer Ort, wenn Unternehmen die Dinge etwas ernster nehmen würden, anstatt alles wie ein Hobby zu behandeln.

Wenn Sie das sind, hören Sie auf, damit zu spielen.

Rechnung für das Produkt oder die Dienstleistung.

Es gibt so viele Kleinunternehmer, denen der Papierkram nicht gefällt. Wenn Sie nicht bezahlt werden, warum haben Sie es dann überhaupt getan? Es ist Teil des Geschäftsprozesses. Wenn Sie dem Kunden keine Rechnungen stellen möchten, dann gründen Sie kein Unternehmen, das ein Rechnungs- und Kreditsystem benötigt.

Ein Beispiel könnte ein Einzelhandelsgeschäft sein. Damit verbunden sind jedoch auch andere Arten von Papierkram. Wenn Ihnen Papierkram nicht gefällt, beauftragen Sie jemand anderen damit oder gründen Sie Ihr Unternehmen gar nicht erst.

Richten Sie nach Möglichkeit ein automatisiertes Rechnungssystem ein, damit Sie sich darüber keine Sorgen machen müssen. Eine Grundversion davon wäre, wenn Sie den Vertrag unterzeichnen, zurück zu Ihrem Computer gehen.

Wenn Sie ein einfaches Textverarbeitungs-/Tabellenkalkulationsprogramm verwenden, ändern Sie einfach die Überschrift „Kostenvoranschlag" oder „Angebot" in „Rechnung". Möglicherweise müssen Sie einige Formulierungen in die Vergangenheitsform ändern. Wenn es einen garantierten Fertigstellungstermin für die Bestellung gibt, dann einfach Hängen Sie es sofort an eine E-Mail an und legen Sie eine Zeitverzögerung für die Zustellung an den Kunden bis nach diesem Datum fest.

Müssen Rechnungen alternativ verschickt werden, lassen Sie diese sofort versandbereit ausdrucken und datieren Sie den Umschlag vor, damit Sie ihn erst nach dem Fertigstellungsdatum versenden.

Sie werden überrascht sein, wie gerne Kunden zum Zeitpunkt der Fertigstellung eine Rechnung erhalten möchten. Dadurch wirken Sie viel professioneller als das Unternehmen, das dem Kunden drei Monate lang keine Rechnung schickt.

Wenn Sie ein schlechtes Gewissen haben, wenn Sie einen Kunden um Geld bitten, denken Sie an Ihre Kapitalflussrechnung. Wenn Sie sich immer noch schuldig fühlen, steigen Sie aus dem Geschäft aus und nehmen Sie eine bezahlte Anstellung an. Oder ein noch besserer Vorschlag: Gehen Sie freiwillig arbeiten, wenn Sie das Geld wirklich nicht brauchen oder wollen.

Die obige Lösung ist ein sehr einfaches System, aber wenn Ihr Unternehmen wächst, werden Sie natürlich ein professionelleres System einführen, um der Skalierung gerecht zu werden.

Stellen Sie sicher, dass Sie wissen, wer für die Zahlung von Rechnungen verantwortlich ist. Es nützt nichts, dem Geschäftsführer eine Rechnung zu schicken, wenn dieser einen Buchhalter hat.

Informieren Sie sich vorab über den Bezahlvorgang und befolgen Sie diesen genau. Vielleicht muss es zuerst von jemand anderem abgezeichnet werden? Es kann viel schwieriger sein, pünktlich bezahlt zu werden, als den ursprünglichen Verkauf abzuschließen.

Die meisten Unternehmen zahlen mit einer Kreditlaufzeit von 30 bis 60 Tagen. Wenn Sie den Prozess jedoch falsch verstehen, kann sich die Dauer dieses Zeitraums leicht verdoppeln, was zu ernsthaften Cashflow-Problemen für Ihr Unternehmen führen kann.

Testen und perfektionieren Sie das Modell

Bis jetzt:

- Sie haben Ihre Stärken erkannt
- Sie haben Ihre Zielkunden identifiziert
- Sie haben Ihren Ansatz geplant
- Sie haben Ihr Unternehmen in eine juristische Person umgewandelt
- Sie haben Ihr Produkt oder Ihre Dienstleistung verkauft, geliefert und in Rechnung gestellt

Jetzt ist es an der Zeit zu analysieren, was Sie getan haben und wann Sie es getan haben.

Nachfolgend finden Sie eine Reihe von Fragen, die Sie sich stellen sollten. Wenn Sie sich zu Beginn des Prozesses Notizen gemacht haben und diese in jeder Phase dokumentieren, mit Zeitplänen, benötigten Ressourcen, Kosten für jeden Prozess usw., wird es viel einfacher sein, wenn Sie diese Phase erreicht haben.

- Könnten Sie den Verkaufsprozess beschleunigen? Sie können die Handlungen des Kunden nicht ändern, aber Sie können Ihre eigenen Handlungen verbessern.

- Wie viele Interessenten haben Sie kontaktiert und wie hoch war die Rücklaufquote?

- Wie lang war der Verkaufszyklus?

- Gibt es eine Möglichkeit, die Kosten in diesem Prozess zu senken?

- Können einzelne Prozesse automatisiert oder vereinfacht werden?

- Haben Sie verschiedene Marketingformen genutzt und welche war am erfolgreichsten?

- Hätten Sie etwas besser machen können, um den Service zu erbringen?

- Welches Feedback hat Ihnen der Kunde gegeben?

- Könnten Sie den Service günstiger oder effizienter erbringen?

- Können Sie den Lieferprozess vereinfachen?

- Wie können Sie den gleichen Lieferstandard aufrechterhalten?

Ziel ist es, Ihr Geschäftsmodell zu perfektionieren. Dies ist etwas, was die meisten Unternehmen nicht tun. Wenn sie Verkäufe erzielen, glauben sie, dass ihr Geschäft perfektioniert ist. Sie glauben, dass sie bereits über den optimalen Prozess und das optimale Geschäftsmodell verfügen, unabhängig davon, ob diese effizienter durchgeführt werden könnten und zehnmal so viel Gewinn erwirtschaften könnten.

Sie werden dies jetzt tun, aber Sie werden es auch in 6 Monaten, 1 Jahr, 2 Jahren, 3 Jahren, 5 Jahren usw. tun. Durch kontinuierliche Technologieänderungen können Sie Ihre eigene Prozesseffizienz ganz einfach verbessern. Wenn Ihre Konkurrenten dies nicht tun, sind Sie einen Schritt voraus und möglicherweise auch profitabler. Ich habe das oft gesehen, insbesondere bei älteren Familienunternehmen, die es nicht geschafft haben, die Technologie zu verstehen. Ich habe einige gesehen, die immer noch Schreibmaschinen statt Computer benutzen.

Können Sie sich vorstellen, wie viel effizienter Ihr Unternehmen im Vergleich zu dieser Art von Unternehmen ist?

Unternehmen, die nicht mit dem Wandel Schritt halten oder sich nicht dagegen wehren, sterben letztendlich. Ein typisches Beispiel dafür, dass ein Unternehmen mit dem Wandel nicht Schritt hält, sind die großen Videoverleihketten. Vor fünfzehn

Jahren war der Video- und DVD-Verleih ein großes Geschäft. In jedem Einkaufszentrum und in jeder Hauptstraße gab es Leihgeschäfte. Vergleichen Sie das mit der heutigen Zeit, in der wir jeden Film ansehen können, den wir wollen, entweder online oder per Pay-per-View über einen digitalen Fernseher, ein Dienst, der in vielen Haushalten mit einem modernen Fernseher zur Verfügung steht. So können wir jeden Monat zu sehr geringen Kosten so viele Filme ansehen, wie wir möchten.

Die großen Videoverleihketten müssen damit gerechnet haben, dass das Internet scheitern würde und ihr Geschäftsmodell sicher wäre. Was für ein Fehler, dass sie den Wandel nicht angenommen und sich auf dem sich verändernden Markt nicht neu positioniert haben.

Erstellen Sie einen Plan

Gut so weit:

- Sie haben Ihre Stärken erkannt

- Sie haben Ihre Zielkunden identifiziert

- Sie haben Ihren Ansatz geplant

- Sie haben Ihr Unternehmen in eine juristische Person umgewandelt

- Sie haben Ihr Produkt oder Ihre Dienstleistung verkauft, geliefert und in Rechnung gestellt

- Sie haben Ihr Geschäftsmodell perfektioniert

Nun müssen Sie auf Basis Ihrer bisherigen Erfahrungen planen.

Hier kommt Ihr Geschäftsplan ins Spiel. An diesem Punkt können Sie möglicherweise jemanden um eine Finanzierung bitten. Sie können Prognosen erstellen, die auf Beispielen aus dem wirklichen Leben basieren. Ich bin kein großer Fan von Geschäftsplänen; Ich denke, sie sind ein Instrument, das von Banken als Entscheidungsvorlage verwendet wird. Ich denke, sie repräsentieren nicht wirklich ein Unternehmen oder seine Eigentümer, und es erfordert auch viel Zeit und Ressourcen, sie zusammenzustellen.

Ein Geschäftsplan kann von einem Universitätsstudenten hervorragend verfasst werden, er sagt jedoch nichts über die Rentabilität des Unternehmens aus, um Investitionen zu erzielen. Es ist alles nur eine große Wunschliste.

Wie kann man die Zukunft vorhersagen, es sei denn, man hat eine Kristallkugel?

Allerdings müssen wir unsere Ergebnisse in einem bestimmten Format präsentieren, und wenn Sie sich für eine Finanzierung an eine Bank wenden, müssen Sie leider deren Verfahren befolgen und einen Geschäftsplan erstellen. Nehmen Sie sich in Ihrem Kalender 6 Wochen Zeit und Sie sollten damit fast fertig sein.

Wenn Sie sich für diesen Weg entscheiden, fragen Sie Ihre Bank nach einer Vorlage des von ihr verwendeten Geschäftsplans. Dadurch erhalten Sie eine Vorstellung von den wichtigsten Punkten, die im Plan behandelt werden sollen. Ich habe zuvor einen Plan entwickelt und geliefert, musste dann aber feststellen, dass sie ihn nicht akzeptierten, da er nicht in ihrem „genehmigten Format" für Layout usw. vorlag. Zu diesem Zeitpunkt wurde mir klar, dass das eigentliche Unternehmen dies nicht tat sind diesen Menschen wichtig; Es ging mehr darum, ob ich ihren Verfahren folgen konnte.

Meiner Meinung nach gibt es bessere Optionen zur Finanzierung eines Unternehmens als durch traditionelle Bankkredite, wie etwa Crowdfunding, Kapitalbeteiligungen oder eine Kombination aus beidem.

In den meisten Fällen vergeben Banken keine Kredite an ein Start-up-Unternehmen, es sei denn, Sie verfügen über erhebliche persönliche Vermögenswerte, die sie übernehmen können. Ich persönlich würde niemals versuchen, mir für „neue" Ideen Geld von einer Bank zu leihen. Schulden sollten nur für ein Unternehmen verwendet werden, das bereits über einen guten Cashflow verfügt. Mit den Schulden wird im Wesentlichen das bezahlt, was bereits vorhanden ist.

Neue Unternehmen oder neue Ideen für das Wachstum eines Unternehmens sollten durch Eigenkapitalinvestitionen finanziert werden. Auch wenn es für ein kleines Unternehmen extrem schwierig ist, Geld zu finden, habe ich einen kurzen Einblick in einige verschiedene Möglichkeiten gegeben, die Sie in Betracht ziehen könnten.

Risikokapital

Risikokapitalfonds investieren in Startup- und Frühphasenunternehmen. Sie konzentrieren sich in erster Linie auf Unternehmen, die innerhalb der nächsten 6–8 Jahre zu einem Milliardengeschäft werden können.

Wenn Ihre Geschäftsidee in den nächsten Jahren keinen Umsatz von 100 Millionen Dollar erzielen kann, würde ich mich woanders umsehen. Die meisten Risikokapitalfonds konzentrieren sich tendenziell auf Technologieunternehmen, da diese weniger auf Menschen oder physische Ressourcen angewiesen sind und daher sehr schnell wachsen.

Angel-Investor

Der Titel „Angel-Investor" war früher nur vermögenden Privatpersonen vorbehalten, doch dieser Titel ist jetzt für jeden zugänglich, der über ein kleines Ersparnis auf der Bank verfügt. Der Zugang zu mehr Menschen kann zwar eine gute Sache sein, es gibt aber auch große Nachteile, insbesondere wenn jemand ohne Geschäftserfahrung versucht, Ihnen zu sagen, wie Sie Ihr Unternehmen am besten führen können. Die andere Seite davon ist, das Geld anzunehmen, aber auch keinerlei Anleitung zu haben.

Wenn Sie in diesem Pool einen HNW-Investor (High Net Worth) finden, wird er sich wahrscheinlich engagieren wollen, und wenn er über die richtige Branchenerfahrung und Kontakte verfügt, ist das nur eine gute Sache – aber in diesem expandierenden Pool scheint das so zu sein heutzutage ein seltener Fund zu sein.

Es gibt viele Angel-Investor-Netzwerke, denen Sie gegen eine geringe Jahresgebühr beitreten können. Normalerweise zahlen Sie eine Finanzierungsgebühr von etwa 5 % des eingeworbenen Kapitals

Crowdfunding

Crowdfunding ist im Grunde ein Pool von Investoren, die jeweils einen kleinen Geldbetrag in einen zentralen Topf stecken. Der Pot nimmt dann Anteile an Ihrem Unternehmen ein.

Wenn Sie über Crowdfunding Geld sammeln, müssen Sie im Allgemeinen etwa 70 % des Geldes bereits über Ihr Netzwerk gesammelt haben, um die Spendenaktion abzuschließen.

Dies ist teilweise darauf zurückzuführen, dass andere Anleger eine Dynamik in der Mittelbeschaffung sehen. Bei vielen Crowdfunding-Möglichkeiten wird Ihnen ein bestimmter Zeitrahmen vorgegeben, um Investitionen zu tätigen. Wenn Sie es nicht schaffen, 100 % des benötigten Geldes aufzubringen, wird die Investition an alle zurückerstattet und Sie erhalten kein Geld.

Beim Crowdfunding ist es sehr selten, dass Sie mit den einzelnen Investoren interagieren, da es 1000 oder mehr Investoren sein können. Wenn Sie also Beratung oder geschäftliche Unterstützung suchen, ist dies wahrscheinlich nicht der beste Weg für Sie. Wenn Sie über diesen Weg eine Investition erhalten, zahlen Sie normalerweise eine Finanzierungsgebühr von bis zu 5 % des eingeworbenen Kapitals

Zuschüsse

Für bestimmte Arten von Unternehmen stehen gelegentlich Zuschüsse zur Verfügung. Dies hängt normalerweise davon ab, welche Prioritäten die lokale Regierung hat oder ob Sie eine bestimmte Art von Dienstleistung anbieten. Diese können von Anreizen wie einer niedrigen Besteuerung für drei Jahre bis hin zu kostenlosen Dienstleistungen reichen, wenn Sie Ihr Unternehmen an einem bestimmten Standort oder in den vergünstigten Geschäftsräumen gründen.

Um sich Geld durch einen Zuschuss zu sichern, müssen Sie das Geld normalerweise zunächst ausgeben, bevor Sie es von ihnen zurückfordern können. Dies kann ein sehr langwieriger Prozess sein. Es lohnt sich, mit einem professionellen Angebotserstellungsunternehmen zusammenzuarbeiten, wenn Sie an einer solchen

Finanzierungsunterstützung interessiert sind. Zu den Branchen, die normalerweise für die Gewährung von Zuschüssen günstig sind, gehören das Gastgewerbe, die Fischerei und Landwirtschaft sowie erneuerbare Energien.

Inkubatorprogramme

Bei einem Inkubatorprogramm handelt es sich in der Regel um ein kurzfristiges Programm, das Sie bei der Unternehmensgründung und bei der Erlangung eines Machbarkeitsnachweises unterstützt. Sie bieten in der Regel Mentoring-Ratschläge sowie Schulungen an, um Ihnen den Einstieg zu erleichtern. Gelegentlich stellen sie Ihnen ein Netzwerk potenzieller Kunden vor, oder in einigen Gründerzentren werden sie im Auftrag großer Unternehmensmarken wie verwaltet *British Airways*, und sie suchen nach Produkten oder Dienstleistungen, die sie zu ihrem eigenen Unternehmen hinzufügen könnten. Um mehr über Unternehmensinkubatoren zu erfahren, schauen Sie sich ein Unternehmen namens an *L-Marken,* Sie führen Inkubatorprogramme im Auftrag vieler Unternehmensmarken durch.

Inkubatoren haben gelegentlich auch Zugang zu Angel-Investoren in Ihrer Branche. Ein Inkubatorprogramm kann zwischen einigen Wochen und bis zu sechs Monaten dauern. Während Sie von ihnen normalerweise keine Finanzierung erhalten, bieten viele von ihnen kostenlose oder vergünstigte Arbeitsräume sowie Unternehmensunterstützung an, die Ihnen beim Umzug hilft.

Wenn Sie mit einer Finanzierungsquelle sprechen, müssen Sie ihnen einige wichtige Informationsbereiche mitteilen, sei es durch einen herkömmlichen Geschäftsplan, durch ein Pitch Deck oder durch eine Pitch-Präsentation. Ich habe einige Bereiche aufgelistet, auf die Sie sich konzentrieren sollten. Bitte beachten Sie, dass all dies auf den bisherigen Entwicklungen in Ihrem Unternehmen basieren sollte.

Wenn Sie prognostizieren, dass bei 50 % der angestrebten Ziele ein Verkauf erzielt wird, während Sie in der Vergangenheit nur 2 % geschafft haben, werden Ihre Pläne verworfen, da Sie nichts haben, was Ihre Vorhersagen untermauern könnte. Wenn Ihre Prognosen auf Annahmen basieren, versuchen Sie, so viele Annahmen wie möglich zu beweisen oder zu quantifizieren, um Zweifel aus dem Prozess auszuschließen.

1. Marketing
- Welches Marketing sollten wir betreiben?
- Welche Ergebnisse erwarten wir?
- Was wird es uns kosten?
- Wann müssen wir dafür bezahlen?

2. Verkäufe
- Welche Umsätze werden wir durch unser Marketing erzielen?
- Wann werden wir diese Umsätze erzielen?
- Welchen Wert erwarten wir von diesen Verkäufen?

- Wie lange wird es dauern, diese Verkäufe zu entwickeln?
- Wie viel Zeit müssen wir für den Verkauf aufwenden?

3. Lieferung
- Wie viel wird es kosten, unser Produkt/unseren Service zu liefern?
- Gibt es Wartezeiten bei unseren eigenen Lieferanten?
- Wird es durch die Skalierung des Geschäfts zu einer Kostensenkung kommen?
- Werden die Kosten steigen, wenn wir es skalieren?
- Wie viele Ressourcen werden benötigt, um die Nachfrage zu bedienen?
- Müssen wir Lieferanten und Personal bezahlen, wie viel und wann?
- Wie viel Gewinn werden wir machen?

4. Rentabilität
- Wie viel müssen wir ins Marketing investieren, um ein existenzsicherndes Einkommen zu erzielen?

- Wie hoch wird das Gehalt für die Eigentümer/Geschäftsführer sein?
- Wie viel müssen wir ins Marketing investieren, um ein angenehmes Gehalt zu erzielen?

5. Cashflow und Investitionen

- Wann werden wir den Prognosen zufolge zusätzliches Geld für Investitionen in das Unternehmen benötigen?
- Wie viel Investition brauchen wir?
- Wofür wird die Investition verwendet?
- Wie haben Sie Ihr Unternehmen im Hinblick auf Investitionen bewertet?
- Wie lange wird es bei einer Fremdfinanzierung dauern, bis die Finanzierung zurückgezahlt ist?
- Wie viel Investition können die Eigentümer in das Unternehmen stecken und wie viel wurde bisher investiert?

6. Geschäftsplan

- Auf welche Hindernisse wird das Unternehmen bei seinem Wachstum stoßen?
- Wie können wir diese Hindernisse umgehen?
- Warum unterscheiden wir uns von den anderen Anbietern am Markt?

Hindernisse

Ich habe dieses Kapitel eher als Randnotiz zum Rest des Buches und nicht als Anleitung eingefügt. In den vorherigen Kapiteln habe ich Sie auf eine Reise mitgenommen, von der Überlegung über Ihre Geschäftsidee bis hin zur Umsetzung in ein kleines Unternehmen in der Vor-Wachstumsphase.

Jetzt werfen wir einen Blick auf einige der Hindernisse, mit denen ein Unternehmen in seiner Anfangsphase konfrontiert sein kann.

1) Kurzfristiger Cashflow

2) Das richtige Geschäft/Modell finden

3) Reputation und Bekanntheit

4) Den Sprung aus der Anstellung wagen

5) Sie verfügen nicht über die entsprechende Berufserfahrung

Kurzfristiger Cashflow

Niemand weiß genau, wie viel Geld er benötigt, aber es gibt Möglichkeiten, die Auswirkungen auf Ihr Unternehmen zu minimieren. Am besten führen Sie Ihre Planungsphasen durch, während Sie angestellt sind und ein Vollzeitgehalt beziehen. Wenn Sie Ihr Unternehmen führen können, während Sie noch einer bezahlten Beschäftigung nachgehen, wählen Sie diese Option.

Lernen Sie, von praktisch nichts zu leben. Reduzieren Sie Ihre Ausgaben, ziehen Sie in ein kleineres Haus, wenn es praktisch und günstiger ist, und mieten Sie dann ein Zimmer im Haus einer anderen Person. Wenn Sie in Ihrem eigenen Haus freie Räume haben, vermieten Sie diese an andere Personen. Versuchen Sie, eine andere Einnahmequelle in Ihr Zuhause zu bringen, und sei es nur, um die grundlegenden Lebenshaltungskosten zu decken

Überfordern Sie Ihr Bankguthaben nicht, während Sie in Ihrem Geschäft vorankommen. Tun Sie dies, indem Sie Ihre Versuchserfahrung als Leitfaden für Ihre zukünftigen Ergebnisse nutzen. Mit der Zeit werden sich Ihre bisherigen Ergebnisse verbessern. Nutzen Sie Überziehungskredite und Kreditkarten nach Möglichkeit nur als Notfallguthaben, das innerhalb weniger Tage ersetzt werden kann. Sie sind extrem teuer und Ihr Unternehmen sollte sich nicht darauf verlassen, dass sie funktionieren. Wenn ja, dann ändern Sie es.

Versuchen Sie immer, Ihr Unternehmen so zu führen, als hätten Sie keinen Zugang zu diesen Formen der kurzfristigen Finanzierung.

In der Zukunft kann es vorkommen, dass Ihnen diese Einrichtungen nicht mehr zur Verfügung stehen. Wenn Sie es also jetzt so einrichten, kann Ihr Unternehmen wachsen, ohne auf externe Finanzierung angewiesen zu sein.

Das richtige Geschäft/Modell finden

Wenn Sie die Schritte von Anfang an befolgt haben, haben Sie nun Ihren Persönlichkeitstyp identifiziert. Dies ist wahrscheinlich der größte und wichtigste Schritt, um das richtige Unternehmen für Sie zu finden.

Das richtige Geschäftsmodell zu finden, erfordert Versuch und Irrtum, bis es perfekt ist. Sie möchten nicht wie alle anderen Unternehmen in der Branche sein, aber Sie müssen das Rad auch nicht neu erfinden. Machen Sie es einfach auf eine kleine Art und Weise besser. Als sie den Reifen erfanden, diente er nicht als Ersatz für das Rad; Es ging darum, das Erlebnis beim Benutzen des Lenkrads zu verbessern. Wenn Sie dasselbe mit Ihrem Unternehmen tun, sind Sie auf dem Weg zu einer erfolgreichen Strategie.

Reputation/Bekanntwerden

Es ist schwer, in kurzer Zeit bekannt zu werden. Ihre ideale Position ist es, bei allen Ihren Zielkunden im Vordergrund zu stehen.

Ihr Ruf entscheidet über Erfolg oder Misserfolg Ihres Unternehmens. Wir leben in einer Welt, in der sich die Menschen gerne beschweren und leider auch die meisten gerne Teil des Dramas sind.

Wenn Sie etwas falsch gemacht haben, beheben Sie es sofort, sonst geht Ihr Unternehmen über Nacht zugrunde.

Die Zusammenarbeit mit Ihrem bestehenden Netzwerk an Kontakten wird Ihre Überlebenschancen erheblich verbessern, da Sie bereits Vertrauen zu ihnen aufgebaut haben.

Konzentrieren Sie sich darauf, ein gutes Erlebnis zu bieten, und Ihr Unternehmen wird rechtzeitig wachsen.

Den Sprung aus der Anstellung wagen

Die Gründung eines eigenen Unternehmens muss nicht die beängstigende Hürde sein, die viele Menschen in diesem Prozess vermuten. Planen Sie, während Sie noch angestellt sind.

Wenn Sie Ihre Planung abgeschlossen haben und bereit sind, Ihr Unternehmen zu gründen, lohnt es sich immer, Ihren Arbeitgeber zu fragen, ob er darüber nachdenkt, Sie/Ihr Unternehmen auf Teilzeitbasis als Selbstständiger zu beschäftigen. Diese Option könnte Ihrem Arbeitgeber Geld sparen und Ihnen auch mehr Geld in die eigene Tasche bringen – abhängig von den Steuervorschriften in Ihrem jeweiligen Land.

Als allgemeine Regel sollten Sie darauf abzielen, mindestens drei Monatsgehälter anzusparen, was Ihnen hoffentlich etwa sechs bis neun Monate Luft zum Atmen verschafft, wenn Sie Ihre Ausgaben gesenkt haben. Auch an dieser Stelle benötigen Sie die moralische Unterstützung Ihres Partners/Ihrer Familie.

Geschäftserfahrung

Die meisten Menschen, die ein Unternehmen gründen, verfügen bisher nur über praktische Erfahrung und waren nie wirklich in die eigentliche Führung des Unternehmens im Hintergrund involviert. Dies ist ein wesentlicher Bestandteil des Geschäftserfolgs, und ohne „betriebswirtschaftliches Wissen" werden Sie nicht lange durchhalten.

Während Sie noch einer bezahlten Beschäftigung nachgehen, sollten Sie prüfen, ob Ihre lokalen Behörden/Unternehmensgruppen Startup-Schulungen wie Marketing, Verwaltung, Networking oder Finanzbewusstsein anbieten. Das wird für Sie von unschätzbarem Wert sein, und die meisten dieser Schulungen, die ich gesehen habe, sind in der Regel kostenlos, wenn Sie der Gruppe beitreten.

Dies ist auch ein guter Zeitpunkt, um andere zu treffen, die sich in der gleichen Situation wie Sie befinden. Möglicherweise haben Sie die Möglichkeit, Ideen auszutauschen und sogar Ihre vorhandenen Ideen zu optimieren, um sie zu verbessern.

Diese anderen Personen könnten eines Tages auch Ihre potenziellen Kunden werden, also beginnen Sie frühzeitig mit dem Aufbau Ihrer Beziehungen.

Als einen meiner Schlusspunkte zu diesem Kapitel möchte ich auch auf einige Ängste eingehen, die Menschen manchmal davon abhalten, sich auf den Weg zu machen und ein eigenes Unternehmen zu gründen.

Dies sind typischerweise:

- Angst vor dem Scheitern
- Angst vor dem Bankrott
- Fehlender Hochschulabschluss

Angst vor dem Scheitern

Lassen Sie sich nicht von der Angst vor dem Scheitern davon abhalten, Ihr Ziel zu verfolgen. Schauen Sie sich die größten Wirtschaftsführer der

Welt an. Viele von ihnen hatten im Laufe ihrer Zeit gigantische Misserfolge, einige tun es noch heute.

Sie nutzen die Misserfolge, um ihr Geschäftsmodell zu perfektionieren und aus den Erfahrungen zu lernen. Ein Scheitern ist nicht das Ende Ihrer Reise – es ist der Anfang Ihrer neuen Lernreise. Schauen Sie sich einige der bekanntesten Wirtschaftsführer an: Simon Cowell, Steve Jobs und Richard Branson. Sie haben Fehler gemacht, aber sie haben daraus gelernt und ihren Traum schließlich Wirklichkeit werden lassen.

Angst vor dem Bankrott

Irgendwann in der Zukunft könnten Sie kurz vor dem Bankrott stehen. Das bedeutet nicht, dass Sie darauf warten sollten, dass es passiert. Ich würde Ihnen jedoch raten, die Haftung oder die negativen Auswirkungen auf Sie und Ihre Familie zu reduzieren, bevor sie eintreten. Es kann jederzeit passieren; Ihr Unternehmen boomt vielleicht, aber dann wachen Sie mit der Nachricht von einem

Wirtschaftsabsturz auf, oder ein großer Kunde beschließt, Sie nicht zu bezahlen, und BOOM, alles ist vorbei.

Stellen Sie sich vor, Sie wachen auf und stellen fest, dass Ihre Geschäftsräume bis auf die Grundmauern niedergebrannt sind. Was wäre, wenn Sie von einem vorbeifahrenden Autofahrer angefahren würden und drei Monate lang im Koma lägen? Wie würde Ihr Unternehmen solche Vorfälle überstehen?

Richten Sie Ihr Unternehmen so ein, dass kein Schaden entsteht, wenn Ihnen solche Vorkommnisse widerfahren, und stellen Sie stets sicher, dass Sie die Kosten selbst tragen. Wenn Sie keine persönlichen Rücklagen haben und das Schlimmste passieren sollte, droht auch Ihnen die Privatinsolvenz. Gerade als Sie dachten, es könnte nicht noch schlimmer werden.

Reduzieren Sie das Risiko: Bereiten Sie sich im Voraus vor.

Fehlender Hochschulabschluss

Einige der größten Namen der Geschäftswelt haben die Schule nicht abgeschlossen. Die meisten haben keine Qualifikationen. Lassen Sie nicht zu, dass das Bildungssystem mit all seinen Etiketten den Rest Ihres Lebens bestimmt. Man muss nicht gut in der Schule sein, um im Geschäft erfolgreich zu sein. Ich persönlich denke, dass es umgekehrt funktioniert.

Finden Sie Ihre Leidenschaft, nutzen Sie Ihre Stärken, arbeiten Sie hart und arbeiten Sie intelligent. Das einzige Maß, das Sie brauchen, ist ein gewisses Maß an Beharrlichkeit.

Gesundheitsprobleme und Behinderungen

Bei vielen der führenden Geschäftsleute der Welt wurden ebenfalls alle möglichen Erkrankungen und Etiketten diagnostiziert. Ob Legasthenie, Dyspraxie, ADHS, Autismus, Diabetes oder eine ganze Reihe anderer körperlicher Behinderungen. Diese Menschen wurden zu Milliardären, obwohl ihnen diese Bedingungen zugeschrieben wurden. Viele dieser Etiketten werden vom System erstellt, um die „Klugen" davon abzuhalten, in ihrem Leben irgendetwas zu bewirken.

Dahinter steckt ein spiritueller Grund, der Gegenstand eines weiteren Buches ist. Lassen Sie nicht zu, dass das System bestimmt, wie Sie Ihr Leben leben oder was Sie erreichen können. Das System ist darauf ausgelegt, konforme Robotersklaven zu produzieren.

Es ist Zeit, aufzusteigen. Du wurdest für etwas Größeres auf diesen Planeten geschickt, als du dir jetzt vorstellen kannst. Hören Sie auf, Ausreden in den Weg zu stellen, und machen Sie weiter.

Abschluss

In diesem Buch haben wir uns mit den Schritten befasst, mit denen Sie Ihre Geschäftsideen in die Realität umsetzen können. Es ist nie ein einfacher Prozess, aber es ist definitiv eine Herausforderung. Wenn Sie Freude an neuen Herausforderungen haben, wird Ihnen dieser Prozess Freude bereiten. Wenn Sie Herausforderungen als etwas Negatives empfinden, ist die Gründung eines Unternehmens nicht das Richtige für Sie.

Ich werde dich nicht anlügen. Es wird Tage geben, an denen Sie sich wünschen, Sie hätten diese Reise nicht begonnen. Jeden Tag werden Ihnen Türen vor der Nase zugeschlagen, Sie werden überall negative Menschen haben, die Ihnen die Gründe erzählen, warum Sie es nicht tun können, sonst wird es nicht funktionieren. Es liegt an Ihnen, wie Sie diese Negativität umgehen. Für mich persönlich ist es eine echte emotionale Belastung. Ich halte mich lieber komplett von negativen Gesprächen fern. Ihre Lebenseinstellung basiert auf ihrer eigenen Fähigkeit, eine Situation zu ändern, nicht auf Ihrer eigenen, also nehmen Sie keine Notiz davon und machen Sie weiter.

Wenn Sie scheitern, lernen Sie einfach aus der Erfahrung und machen Sie das nächste Mal anders, um nicht die gleichen Fehler zu machen. Stauben Sie den Staub ab, schlafen Sie darüber und beginnen Sie dann am nächsten Tag/in der folgenden Woche/im nächsten Monat/im folgenden Jahr erneut.

Die Rückkehr in eine bezahlte Beschäftigung wird Ihr Selbstvertrauen ernsthaft beeinträchtigen – es ist viel schlimmer als das anfängliche Gefühl des Versagens. Steigen Sie also, wenn möglich, so schnell wie möglich wieder aus und beginnen Sie mit Ihrem Unternehmen neu.

Sie werden jeden Tag mit einem neuen Problem konfrontiert. In den ersten Jahren werden Sie kein Geld haben. Sie werden lernen, mit sehr wenig Geld auszukommen, und Sie werden viel mehr über das Geschäft lernen, als Sie jemals an der Universität oder in einer bezahlten Beschäftigung lernen könnten. Wenn Sie einige der Tipps in diesem Buch befolgen, werden Sie Ihre Reise hoffentlich nicht blind beginnen. Ich freue mich über jeden, der sich mit mir in Verbindung setzt und mir erzählt, wie es Ihnen auf Ihrer eigenen Reise geht.

Wenn Sie sich in Ihrem Markt etabliert haben, werfen Sie einen Blick auf mein nächstes Buch: *„EXPAND: Die 7 grundlegenden Schritte zum Wachstum Ihres Unternehmens"*, das Sie durch die nächste Phase Ihrer Geschäftsreise führt.

Über den Autor

Wayne Fox ist ein Neugründer des Geschäftslebens, ein Branchendisruptor, Entwickler von Gewerbeimmobilien, Zukunftsforscher, Bestsellerautor und Investor. Direktor der Enyaw-Gruppe, einer in Großbritannien ansässigen Investmentfirma, die in investiert „*Freiheitslebensstil*" Unternehmungen. Er verfügt über Erfahrung darin, in früheren KMU-Unternehmungen ein Umsatzwachstum im sieben- und achtstelligen Bereich zu erzielen.

Meine Online-Links:

Wayne Fox-Website: www.wayne-fox.co.uk

Enyaw-Gruppe: www.enyawgroup.com

Enyaw Capital: www.enyawcapital.com

Enyaw-Grundstück: www.enyawproperty.co.uk

Linkedin:https://www.linkedin.com/in/waynefoxuk

Twitter: https://twitter.com/WayneFoxUK1

Instagram:https://www.instagram.com/waynefoxuk

Youtube:https://www.youtube.com/@WayneFoxUK

Udemy:https://www.udemy.com/user/wayne-fox-6

www.ingramcontent.com/pod-product-compliance
Lightning Source LLC
Chambersburg PA
CBHW050214230526
45470CB00001B/378